Le Cahier anti-kilos d'une Ex-grosse

Direction de la publication :
Isabelle Jeuge-Maynart et Ghislaine Stora

Direction éditoriale :
Catherine Delprat

Édition :
Sylvie Cattaneo-Naves et Céline de Quéral

Couverture et conception maquette :
Anna Bardon et Jean-Yves Grall

Mise en page :
Jean-Yves Grall

Fabrication :
Donia Faiz

ISBN : 978-2-03-590564-2

Pour les Éditions Larousse, le principe est d'utiliser des papiers composés de fibres naturelles, renouvelables, recyclables et fabriquées à partir de bois issus de forêts qui adoptent un système d'aménagement durable. En outre, les Éditions Larousse attendent de leurs fournisseurs de papier qu'ils s'inscrivent dans une démarche de certification environnementale reconnue.

Anna Austruy

Le Cahier anti-kilos d'une Ex-grosse

LAROUSSE

Avant-propos

Quand on décide de maigrir, on a tous besoin de motivation. On rêve tous d'une cuisinière qui préparerait nos petits repas légers, d'une personne qui nous encouragerait pendant nos efforts, qui nous féliciterait pour nos réussites, qui nous expliquerait pourquoi notre corps résiste et ne donne plus signe de vie au niveau perte de poids… Comme un coach perso, présent et amical.

Alors, avec ce cahier, j'avais envie de vous donner ce petit coup de pouce pour tenir et réussir. Certes, je ne serai pas là, près de vous physiquement, ni dans votre cuisine, je ne vous parlerai pas en direct, mais j'aimerais être un soutien pour vous dans les moments les plus difficiles.

Le régime que j'aimerais vous voir mettre en place, c'est celui qui vous emballe. Pas uniquement parce qu'il vous fera perdre du poids rapidement, mais pour sa flexibilité, sa souplesse, sa facilité, son plaisir de le faire… Bref, un régime qui saura vous rendre heureux et avec lequel vous vivrez plus mince sur le long terme. Cela ne devra pas être une parenthèse de quelques semaines, mais un changement progressif vers de bonnes habitudes et, surtout, plus de bon sens, je vous en supplie !

Personne ne serait assez fou pour s'engager dans une démarche de changement radical si cet engagement devait devenir synonyme de souffrance, de privation, de tristesse et de découragement. Personne ne devrait avoir à faire ce genre de sacrifice simplement pour perdre du poids !… Et puis c'est mathématique : la privation entraîne la frustration, qui entraîne l'abandon. Pire, certains régimes ne servent qu'à vous dégoûter à vie. Ils vous mènent à une résignation malheureuse qui vous emprisonne à tout jamais dans ce corps de grosse que vous n'aimez pas… Ah, bravo !…

Je pense qu'il est grand temps de revoir tout ce qui tourne autour des régimes afin de trouver enfin le vôtre – celui qui vous conviendra, qui vous plaira et qui vous remplira d'entrain à l'idée de le commencer. Votre objectif devra avoir un sens pour vous, si vous voulez réussir.

Croyez en vous et persévérez dans cette nouvelle façon de vous alimenter. Vous avez opté pour l'équilibre alimentaire ? BRAVO, vous êtes sur la bonne voie. Je savais que vous feriez le bon choix. Alors accrochez-vous, amusez-vous et… tenez bon !

Anna

Sommaire

JANVIER

Le plus long des voyages commence par un seul pas. Mais gardons surtout en mémoire que le plus important, c'est le chemin à parcourir jusqu'à la réussite. C'est votre jour de chance, c'est aujourd'hui qu'il faut commencer. À la fin de ce premier mois (celui des bonnes résolutions), vous prendrez conscience d'une chose capitale : on ne règle rien avec la nourriture. Et comme il n'y a pas de moment parfait pour changer, pourquoi le moment idéal ne serait-il pas « maintenant » ? André Comte-Sponville a dit : « Seul le présent existe. » Ben voilà… Un jour après l'autre, un mois en chassera un autre…

Notons…

Mon poids du mois		Mon tour de cuisses	
Mon tour de poitrine		Mon tour de mollets	
Mon tour de taille		Mon tour de bras	
Mon tour de hanches		**Bilan à la fin du mois : combien de kilos perdus ?**	

Marge bénéficiaire du mois #1 :

Vous avez souffert ? Beaucoup ?
Notez cette épreuve sur une échelle de 1 à 20.

Vous êtes heureuse d'avoir perdu un peu de poids ?
Notez votre satisfaction sur une échelle de 1 à 20.

Puis calculez la moyenne,
notez le résultat :

L'objectif : ne jamais passer en dessous d'une moyenne de 12 ! Si la pénibilité l'emporte sur le bénéfice, il faut réajuster et réinjecter du positif dans la démarche.

Carnet de notes perso

Pour noter mes succès, mes victoires, mes trucs qui marchent.

À partir d'aujourd'hui, je fais ce qui est bon pour moi, sans me préoccuper des autres.

Mon Caddie magique

Soyons optimistes, qu'est-ce que j'y mets ?
Des crudités qui croquent et qui craquent sous la dent, et favorisent donc une action mécanique qui vous fera brûler des calories. Janvier c'est le mois des endives, des choux de Bruxelles et de la mâche. Pensez aussi aux avocats. Et foncez, bien sûr, sur tous les agrumes…

Ma boîte à outils : l'objet du mois

Un bloc de Post-it tout neuf, sur lesquels j'écris mes messages persos de motivation, à coller partout dans la maison.

Mes trucs d'enfer pour garder une taille de guêpe

Je trouve LA bonne paire de chaussures, celles avec lesquelles je vais marcher, crapahuter, galoper tout en en gardant le pied léger.

L'horoscope de la régimeuse

Votre allié, le sport : Capricorne, mettez-vous au tir à l'arc ou à l'équitation ! Et les Verseau, à l'aviron ou au canyoning.

On retombe en enfance : cap' ou pas cap' de faire tourner votre jupe sur vous à 360 °, comme une robe de princesse ?

Les secrets des minces

Elles mangent moins, mais ça n'est pas un scoop… alors divisez par deux les quantités prévues.

~ 1 ~

Le déclic *régime*

Ça trotte dans la tête, **ÇA COGITE,** y en a marre ! Il faut que je fasse un régime. C'est décidé, je démarre mon **PROGRAMME MINCEUR.** On commence toujours son régime comme ça. Un jour, on ne sait pas pourquoi, on n'en peut plus.

Plus rien ne nous va, on est depuis longtemps dans **LA PHASE CAMOUFLAGE** : long pull, tunique, manteau long, chemisier fluide, longues manches, habillé de noir. On est à deux doigts de virer gothique avec notre gilet cache fesses alors que dehors il fait 40 °C. Quand on commence à tout cacher, c'est mauvais signe !

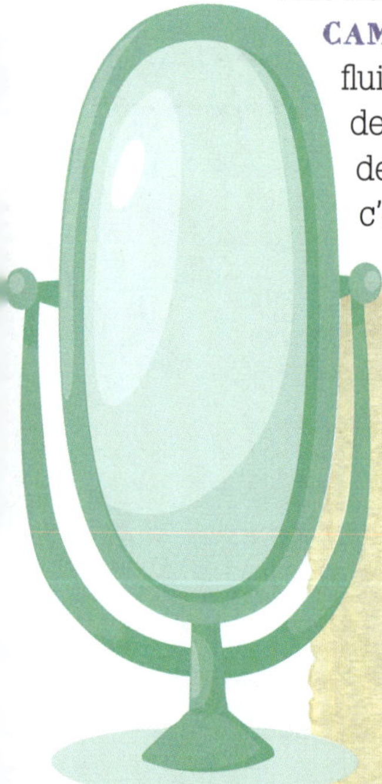

Quiz : vous en êtes où ?

- ☐ Ma mère me dit que j'ai grossi.
- ☐ Mon mari me demande tout le temps quand est-ce que je commence mon régime.
- ☐ Mon jean me serre, j'étouffe (je suis en apnée toute la journée).
- ☐ Ma collègue me dit que je ne devrais pas prendre de la mayonnaise sur mes frites à midi.
- ☐ Au restaurant, on me propose toujours la table située en plein courant d'air ou près des W.-C.
- ☐ Quand je mange ou que je grignote, je me sens observée. Cela m'énerve et je mange encore plus. Et je n'ose même plus croquer dans les chips, du coup, je les fais fondre en bouche.
- ☐ Je ne sais pas par où ni comment commencer.
- ☐ Je n'ai pas la force.
- ☐ Mon entourage familial me met la pression.
- ☐ Je mange du chocolat en cachette de mon entourage. Je mets un carré sur la langue et je fais mine de ne rien avoir dans la bouche.
- ☐ Après le journal du soir, avant le film, je cache de la nourriture

(biscuits, bonbons...) dans les poches de ma robe de chambre. Incognito, je grignote!

☐ Je ne veux plus voir personne, je ne sors plus, je ne m'habille plus.

☐ Je ne suis bonne à rien.

☐ J'évite les miroirs.

☐ Tout me décourage.

Score : 1 point par case cochée

5 points : votre poids vous inquiète, mais pas au point de démarrer un régime, le déclic ne s'est pas fait.

Entre 6 et 10 points : vous y pensez souvent, mais tous les voyants ne sont pas encore au rouge!

10 à 15 points : vous êtes prête, vous avez besoin de passer à autre chose et de reprendre le pouvoir sur vous : foncez!

BONUS!

Le décodage du quiz et les conseils d'Anna question par question.

> Tu crois que je ne le sais pas?

> Merci pour tes encouragements, chéri, mais je te ferai signe quand j'aurai besoin que tu me lamines le moral.

> Cette mode pour anorexiques est surréaliste...

> Oui, bon, elle a raison...

> « Bonjour, je voudrais cette table-là, s'il vous plaît, c'est possible? Non? Alors au revoir. »

> C'est un début : vous mangez plus lentement.

> Un spécialiste des comportements alimentaires, peut-être?

> Attendez d'être prête. On ne réussit rien dans l'urgence.

> Il faut qu'on parle, là, tous ensemble : conseil de famille!

> Au moins, je le savoure.

> Astucieuse, ça il faut le reconnaître!

> Mon pyjama est confortable, quoi!

> C'est ça...

> Je change d'éclairage.

> Normal. On va procéder par ordre, et il ne faut pas vouloir TOUT accomplir.

**Si vous avez ce carnet entre les mains, c'est que le déclic, vous l'avez eu, à un moment ou à un autre.
Alors piqûre de rappel : notez ici le jour où vous avez décidé de maigrir – les écrits restent...**

~ 2 ~

Je choisis *mon poids*

Choisir son poids n'est pas chose facile, surtout quand on n'a jamais été mince et qu'on n'a aucune idée du poids qu'on pourrait peser pour se sentir mieux. Le plus dur n'est pas de maigrir (quoi que…), c'est de maintenir non pas le poids « rêvé » **MAIS UN POIDS POUR LA DURÉE.**

QUIZ MALIN

Il y a toujours de bonnes questions à se poser sur son poids ! Surtout quand il s'agit de fixer un objectif accessible.
Répondez avec honnêteté à mes questions, listez les difficultés que vous pourriez rencontrer et fixez votre futur poids en toute objectivité.

Réussir, OK, mais tenir, ce serait parfait.

L'IMC

Le poids idéal correspond à celui qui semble être le plus favorable pour sa santé. L'indice de masse corporelle (IMC) permet de l'évaluer, en reflétant la proportion de masse adipeuse du corps. L'I.M.C. est égal au poids exprimé en kilos divisé par la taille en mètre au carré.

$$IMC = poids\ (en\ kg) / taille\ (en\ m)^2$$

Pour un adulte, le poids idéal se situe entre 20 et 25 kg/m². En dessous de 20 kg/m², il y a maigreur. Entre 25 et 30 kg/m², il y a surcharge pondérale. À partir de 30 kg/m², on parle d'obésité, après 35 kg/m² d'obésité morbide, et au-delà de 40 kg/m², de superobésité.

Le mot du jour : raisonnable

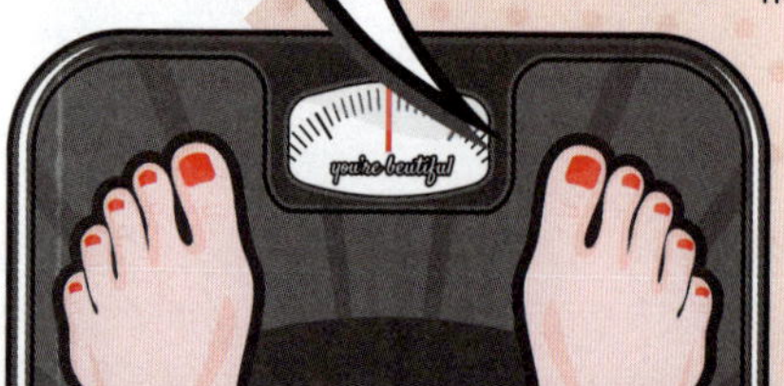

- **Ai-je déjà atteint sur une longue période le poids auquel je veux aujourd'hui parvenir ? ....**

Si c'est oui, vous avez plus de chances d'y arriver !

- **Suis-je maman ? ....**

Si c'est oui, on a parfois moins de temps pour soi.

- **Suis-je célibataire ? ....**

Si c'est oui, parfois plus de grignotage et d'invitations.

- **Mariée ou en famille ? ....**

Zut, les repas de famille sont souvent plus gras.

- **Ai-je déjà été mince ? ....**

Si c'est oui, alors tout à fait possible, mais en ai-je vraiment envie ?

- **Combien de kilos je veux perdre ? ....**
- **Suis-je raisonnable sur ma perte ? ....**

Et si on commençait par diviser par deux votre 1er choix pour cette première étape (qui veut bien maigrir ménage sa balance...) ?

- **Ai-je le temps ? ....**

Non ? Alors il faut revoir votre objectif (si vous perdez 500 g par semaine, pour 3 kg, il faudra 6 semaines).

- **Homme ou femme ? ....**
- **Fais-je des repas d'affaires ? ....**

Dans ce cas, les repas sont plus gras et parfois on consomme de l'alcool.

- **Suis-je sportive/active ? ....**
- **Mon IMC actuel ? ....**
- **Mon IMC santé souhaité ? ....**

J'AI DÉCIDÉ QUE MON POIDS SE SITUERAIT ENTRE.............KG ET ....KG

À vous de rallonger cette liste avec des caractéristiques personnelles ;)

~ 3 ~

À vous *de jouer !*

Pour atteindre votre objectif, vous avez déjà choisi votre poids de forme. Commençons par une première étape réaliste et facile à atteindre en réfléchissant à votre première perte de poids.

JE VAIS COMMENCER
PAR PERDRE ☐ KILOS

C'est sûr ? Ça ne fait pas trop ? Ne cherchez pas à battre des records de perte de poids, stop au – 1,5 kg par semaine, voire plus.

J'ai décidé de commencer par :
- mieux organiser mes courses
- bien gérer le repas du soir
- moins grignoter
- boire de l'eau
- boire moins d'alcool
- gérer mes sorties

À vous d'inscrire vos priorités les plus faciles. Déjà que vous n'êtes pas en super forme niveau motivation, évitez de vous compliquer la vie !

Image publique !

Quand vous êtes chez vous, portez un vêtement que vous n'oseriez jamais porter en public parce qu'il vous moule, vous colle, vous boudine, car on voit vos genoux, vos fesses, votre ventre... alors que vous vous sentez bien dedans. Cela m'a aidée à prendre conscience d'une certaine contradiction entre l'image que j'avais de moi, celle que je m'interdisais d'offrir au monde extérieur (tu m'étonnes !) et de ce que mes 35 kg en trop représentaient comme obstacle entre moi et les autres.

À vos calculettes !

Régimeuse

a. 9,6 x votre poids en kg =

b. 1,9 x votre taille en centimètres =

c. 655

d. 4,7 x âge en années =

Calculez ensuite : a + b + c - d =

....

vos besoins en kcal par jour

Régimeur

a. 13,7 x poids en kg =

b. 5 x taille en centimètres =

c. 66

d. 6,8 x âge en années =

Calculez ensuite : a + b + c - d =

....

vos besoins en kcal par jour

QU'EST-CE QUI ME REDONNE LE MORAL ET ME FAIT SOURIRE (À PART LE CHOCOLAT)

- Le chocolat
(j'ai dit : pas le chocolat !)
- Le fromage
(non plus !)

Votre vraie réponse ?

Autorisez-vous la réussite, prenez soin de vous ! Aimez-vous pour un résultat parfait.

Cette info est plus qu'importante. En cas de coup de blues, vous aurez toujours la possibilité de vous accrocher à cela. Bon, je vous sens reboostée : ni une, ni deux, n'attendez pas demain pour vous y mettre.

~ 4 ~

Lundi, je commence, *je suis **très** motivée !*

Vous pouvez choisir un autre jour… **POURQUOI LE LUNDI ?** Sûrement parce que c'est le lendemain d'un week-end de détente et bien festif : il est plus facile de se décider l'estomac plein !

Nous sommes lundi, vous sentez qu'aujourd'hui c'est le bon jour pour commencer votre régime.
Vous avez vidé hier soir les **DERNIÈRES MOUSSES AU CHOCOLAT**, hier midi, vous aviez déjà fait un sort aux restes de fromage et ce matin, vous n'êtes pas allé à la boulangerie pour vous acheter le croissant et la brioche au sucre qui vous font si envie.
Eh bien, parti comme cela, on sent déjà que ça ne va pas être drôle le régime avec vous !

POURQUOI TOUT FINIR, TOUT VIDER ET S'INTERDIRE DE MANGER ?

Ne cherchez pas à supprimer, mais à réduire votre consommation.

Ce n'est pas d'avoir mangé des aliments gras, sucrés ou bu un verre d'alcool qui vous ont fait grossir, mais d'en avoir TROP bu ou mangé. Une petite mousse par-ci, une glace par-là, un petit bout de fromage ou une tranche de saucisson n'ont jamais fait de mal à personne, mais au contraire, beaucoup de bien. Le problème, ce sont les excès en tout genre comme la consommation régulière d'un cochon entier sous forme de charcuterie, de la totalité de votre stock de la semaine en fromage chaque soir devant la télé, sans parler du saladier de friandises trônant sur la table du salon pour les soi-disant amis de vos enfants ou ados.

Je suis déterminée mais...

- J'accepte de ne pas être héroïque dans tous les domaines.
- J'accepte de changer mes habitudes (je n'aime pas les légumes, je n'aime pas l'eau, je n'ai pas le temps... Hé, vous voulez maigrir ou quoi ?). Il faudra bien changer certaines choses, alors trouvez des compromis : « Je n'aime pas l'eau, mais le vin ça ne va pas le faire... » Et si vous aromatisiez l'eau ?
- Je chasse les régimes tristes de mon quotidien.
- Je décide de commencer par les 3 premiers kilos. Votre projet ne se fera que par étapes : qui va doucement va sûrement.
- Je ne m'affole pas si ma première semaine est décevante.
- J'accepte de manger moins (on ne peut pas manger comme quatre alors que l'on ne doit nourrir qu'une seule personne).
- Je marche dès que j'en ai l'occasion (allumez le moteur pour dépenser plus de carburant).

QUELQUES RÈGLES
pour tenir le cap

- Je sors mon pèse-personne de sous mon lit et je me pèse. Il vous faut une référence de début d'amaigrissement.
- J'ai confiance en moi.
- Je vais y arriver.
- Rien ne doit me détourner de mon objectif.
- Je garde le cap quoi qu'il arrive.
- Je me sens pleine d'énergie positive.
- Je sais ce que je veux.
- Je ne veux plus grossir pour les autres.
- Je le fais pour moi (les autres en profiteront aussi).
- J'y crois et je ne lâche rien. Aujourd'hui est le début de ma future vie en plus mince.

Je mets un Post-it sur le frigo ou sur mon agenda pour m'éviter l'amnésie face à la tentation : souvent on oublie qu'on est au régime...

~ 5 ~
La pesée

Il est temps maintenant de monter sur **VOTRE PÈSE-PERSONNE.** Vous et lui allez devenir très liés, lors des prochains mois. **MOMENT STRATÉGIQUE** qui peut aboutir à une joie intense ou à un découragement important. Mais quoi qu'il arrive, vous ne devez pas lâcher l'affaire. D'autant plus que vous allez devoir grimper sur votre balance un certain nombre de fois pendant votre régime, et les nouvelles ne seront pas toujours encourageantes !

POUR CELLES QUI FONT DU YO-YO, QUEL EST LE CHIFFRE FATIDIQUE ?

Quel est votre chiffre déclencheur ? Ce fameux chiffre que vous ne voulez pas dépasser, votre chiffre limite, votre chiffre déclic ? Il représente généralement le **POIDS SYMBOLIQUE** d'une certaine zone de confort, au-delà duquel vous considérez que votre corps ne vous appartient plus. On peut parfois dire qu'au-delà de cette zone de confort, on entre dans une autre zone : celle du déni !

MOTIVATION, OÙ TE CACHES-TU ?

Comment retrouve-t-on la motivation, quand elle dure parfois l'espace de quelques minutes, voire quelques secondes. À peine vous vous dites « c'est bon, je m'y mets » que la seconde d'après, vous n'avez déjà plus envie.
Est-ce dû à trop d'efforts, une perte de poids trop lente pour vous booster, un **RAS-LE-BOL GÉNÉRAL ?** Tout cela n'est pas facile à définir. On s'y perd, on perd confiance, on se décourage et pourtant on sait pertinemment qu'il faudra s'y mettre... si on veut du résultat. Que faire quand la motivation peine à venir ? Attendre ? Oui, mais

quoi ? Quel déclic ? Quelque chose qui relèvera de la pensée magique, style « c'est aujourd'hui que ma vie va changer » ?

LE MANTRA QUI VA VOUS SAUVER !

Sous la douche, le matin ou devant la télévision, quand vous êtes hypermotivée, il faut chanter à tue-tête : « Grignotage = soif ! » ou « Grignotage = sport ! » de plus en plus vite et bien fort, sur un air que vous aimez. Chassez de vos pensées toute envie de calorie superflue.

Allez, je me pèse !

Petite séance de préparation avant de se peser.
No stress, oh, oh, oh, je vous vois là ! Déjà prête à . . .

- vous épiler au max triple lames, j'en suis certaine ;
- vous mettre nue comme un ver ;
- enlever tous vos accessoires (bagues, chouchou, collier, montre . . .) ;
- aller chercher l'acétone pour nettoyer votre vernis ;
- éviter le café, fuir la bouteille d'eau pour peser moins lourd ;
- filer dans la salle de bains pour un gommage intégral des peaux mortes ;
- vous assurer que vos cheveux sont bien secs ;
- aller en urgence aux toilettes vider votre vessie ;
- sauter en apnée sur la balance.

Les poumons sont vides, c'est bon, vous vous sentez prête ? Alors go !

(Notez dans cette case le poids affiché et la date. Oui. Le VRAI chiffre.)

FÉVRIER

« Rosa rosa rosam. Rosae rosae rosa. Rosae rosae rosas… », chantait Jacque Brel. La répétition peut être pédagogique, certes, mais uniquement pour l'apprentissage des déclinaisons latines, pas pour perdre du poids. L'ennui arrive vite quand un régime est trop répétitif. Lorsque le manque se fait sentir, on ne pense plus qu'à la nourriture. Expérimentez de nouvelles recettes et trouvez celles qui vous correspondent le mieux. Une bonne façon de varier les plaisirs et ainsi gagner sur toute la ligne ! N'oubliez pas : les plaisirs culinaires sont source de motivation.

D'un mois sur l'autre, je n'attendrai jamais de perte de poids de plus de 400 g.

Notons…

Mon poids du mois		Mon tour de cuisses	
Mon tour de poitrine		Mon tour de mollets	
Mon tour de taille		Mon tour de bras	
Mon tour de hanches		**Bilan à la fin du mois : combien de kilos perdus ?**	

Marge bénéficiaire du mois #2 :

Vous avez souffert ? Beaucoup ?
Notez cette épreuve sur une échelle de 1 à 20.

Vous êtes heureuse d'avoir perdu un peu de poids ?
Notez votre satisfaction sur une échelle de 1 à 20.

Puis calculez la moyenne,
notez le résultat :

L'objectif : lorsque vous serez véritablement lancée, cette moyenne ne tombera pas en dessous de 13. Jamais. Même un petit mois.

Carnet de notes perso

Pour noter mes succès, mes victoires, mes trucs qui marchent.

Je commence à perdre mes bagues, mes doigts dégonflent… Chouette, c'est pas la zone que je préfère, mais bon je prends quand même…

Mon Caddie magique

Soyons optimistes, qu'est-ce que j'y mets ?

En hiver, les poireaux + pommes de terre, et hop ! une soupe géniale. On ne change pas une équipe qui gagne… Pensez aussi aux carottes, crues, cuites, en purée – le bêta-carotène, c'est l'assurance d'une belle peau. Et si vous n'avez pas de pommes de terre, une courge fera l'affaire en apportant un côté velouté !

Ma boîte à outils : l'objet du mois

Je m'offre une friteuse sans huile – on peut y faire autre chose que des frites, comme des plats cuisinés hypersavoureux, avec une microgoutte d'huile.

Mes trucs d'enfer pour garder une taille de guêpe

Ma balance à impédance, qui calcule ma masse grasse et ma masse maigre. Mon alliée antidéprime – si j'ai pris du poids, c'est que j'ai fait de la rétention d'eau. C'est elle qui me le dit !

L'horoscope de la régimeuse

La réussite est en vous. Une amie du signe Balance vous aidera !

Les secrets des minces

Elles font trois vrais repas par jour, même en petites quantités, matin, midi et soir. Leur vie ne tourne pas autour de l'évitement de la nourriture en dehors de ces repas-là.

~ 6 ~

Marre *de tout contrôler !*

Vous en avez marre d'être dans **L'OBSESSION DU CONTRÔLE** ? Eh bien rassurez-vous, vous n'êtes pas le (la) seul(e) ! Mais nous n'avons pas le choix. Pour perdre du poids, il faut un minimum d'efforts, et pour ne pas le reprendre, tout autant. Bref, ce n'est pas fini, vous n'en êtes qu'au début.

Si votre souhait le plus cher en ce moment, c'est d'améliorer votre silhouette ou votre santé, vous devez tenir ! **RIEN NE SERT DE MAIGRIR SI C'EST POUR REGROSSIR À LA FIN** (sur YouTube, je vous explique tout !).

Vous aurez des moments de déception, vous lèverez les yeux au ciel en pestant et en répétant à haute voix : « Pourquoi moi ? Pourquoi ça ne descend pas ? »

Votre humeur passera de la joie intense à la déception totale. Vous ne vous supporterez plus en photo, vidéo, et vous ne poserez plus devant aucun miroir.

Il faudra faire avec. Projetez-vous de temps à autre, en visualisant le résultat final. Ça aide ! Et dans quelques semaines, mois ou années en fonction du nombre de kilos à perdre, vous ressentirez une sacrée fierté au bout du compte ! C'est ce que je ressens au bout de vingt ans après avoir perdu mes 35 kilos en trois ans. Pas rapide la fille !

SUJET DE BAC : GRIGNOTAGE DU JOUR, GRIGNOTAGE TOUJOURS ?

Aujourd'hui vous ne savez pas pourquoi, mais des envies répétées de grignotage vous tenaillent…

Ne confondez pas l'envie de grignoter et la soif

Pourquoi vouloir imprimer ce slogan bizarre dans mon cerveau de gourmande ? Parce qu'en ayant toujours une bouteille d'eau à portée de main, en 3 secondes, me voilà le goulot à la bouche pour boire 3 gorgées de ce « nectar » transparent (nectar ?! D'accord, j'abuse, mais il faut bien rêver un peu), de ce liquide, donc, qui a le mérite d'afficher ZÉRO calorie au compteur et de me faire zapper sur des pensées moins néfastes à ma ligne. Merci H_2O !

Comme vous êtes motivé, vous plongeriez volontiers dans la tomate cerise, le radis, le fenouil ou autres crudités dont vous êtes devenu fan par dépit tant vous souhaitez maigrir et réussir ! Personnellement, j'ai dû dans ma vie consommer un tiers de la récolte du nord de la France en betteraves !

CE RÉFLEXE « LÉGUME CRU », qui est devenu comme une seconde nature chez vous, je crains qu'il ne dure pas sur le long terme. Même si ce grignotage-là ne porte pas trop à conséquence, au final, il maintient chez vous l'habitude de grignoter.

STOP ! Votre corps n'a pas besoin de carburant toutes les 5 minutes. Faisons de temps en temps – et le plus souvent possible – une « pause bouffe », je vous en conjure ! Surtout entre les repas.

JE NOTE MES ALIMENTS ET BOISSONS CHOUCHOUS POUR RÉUSSIR

~ 7 ~

Sortir ou ne pas sortir ?

Apéro-stratégie : j'ai testé pour vous

En discutant d'astuces qui pourraient éventuellement nous permettre de mieux maîtriser le moment de l'apéro lors de nos sorties, une amie m'a confié qu'elle buvait **UN THÉ** avant chaque invitation.

Surprise, je me suis dit que si je me mettais au thé avant de partir, le temps d'arriver sur place (sachant que parfois, il nous faut bien à mon chéri et moi-même 30 minutes à 1 heure, en fonction du lieu et des embouteillages dans les grandes villes), je suis certaine que mon mari serait obligé de me déposer sur le bas-côté pour vider ma vessie en urgence ! Et à l'arrivée chez nos amis, je me vois déjà prise d'une faim de loup à me jeter sans hésitation sur les petits fours et les saucisses cocktail…

Du coup, je lui demande un peu plus d'explications, et elle me dit qu'elle ne boit pas son thé à la maison, mais **DANS LA VOITURE, PENDANT LE TRAJET.**

J'ai testé pour vous

J'ai pu mettre en pratique l'astucieuse technique de Jean-Marcel : me servir de la main gauche pour plonger dans le bol de pistaches alors que je suis droitière. Pas mal !

J'ai donc testé l'affaire, en me disant que je pourrais éventuellement mettre dans mon Thermos de la soupe, ce qui serait plus rassasiant. Quelle ne fut pas la tête de mon mari quand j'ouvris le Thermos de soupe aux poireaux pour m'en servir une tasse… La soupe embaumait le véhicule, ce qui a déclenché une bonne crise de rire. Bref, la prochaine fois, je me ferai un thé citron. Au moins, il m'empêchera de piquer du nez en fin de soirée, car passé la quarantaine, il faut quand même le reconnaître, on tient moins bien la route.

Ma formule mathématique...

Moments entre amis = moments de partage = bons moments = libération d'endorphines = estime de soi boostée

Si l'équation ne tombe pas juste, alors revoyez ce qui vous fait le plus plaisir dans un apéro entre amis : être avec des gens que vous appréciez, qui vous font du bien, avec qui un bon fou rire compte autant qu'un steak, ou bien boire et vous goinfrer ? (Bon d'accord, c'est vrai que ce n'est pas désagréable, ça aussi, entre amis !) Ou bien vous précipitez-vous sur le buffet et le bol à punch par oisiveté, parce que vous vous ennuyez ? Bref, choisissez vos soirées !

Liste des amis...

... à qui on peut dire qu'on est au régime et pourquoi.

Ceux à qui on ne peut pas le dire, et pourquoi !

~ 8 ~

Faire son coming out *de régimeuse*

Votre conjoint vous rappelle qu'**UNE SOIRÉE PÂTES** est programmée chez des amis en fin de semaine. Quand vous aviez dit oui, vous n'étiez pas encore au régime… Alors que faire ? Annoncer « Je suis au régime » ou ne rien dire ?

POSSIBILITÉ N° 1 : JE LE DIS !

Ils ont prévu un repas spécial pour vous. Pour eux, ce soir, c'est lasagnes maison (bien sûr vos préférées, celles que vous aimez tant et que votre amie réussit si bien !).

Attendez-vous donc à un menu concocté pour vous… **VOTRE MENU : PÂTES NATURE DE CHEZ NATURE.** Vous n'en avez jamais vu des aussi blanches et pâlottes. Pendant quelques secondes, vous cherchez du regard la crème, le beurre, les lardons éventuels ou même un petit coulis de tomates. À croire qu'ils ont cru que vous étiez allergique aux autres ingrédients.

Dégoûté de vous être confié sur votre envie de maigrir (vous auriez dû ne rien dire), vous invoquez un minimum syndical de goût, de couleurs, de saveurs… Et là, bing ! La phase qui tue : « Mais tu n'es pas au régime, toi ? »

C'est qui le meilleur ou la meilleure question patience et persévérance ?

C'est vous !

« Il faut savoir ce que tu veux… Et encore, on a hésité : on voulait te faire des haricots verts avec du poisson vapeur. »
Merci la copine !
Vous auriez pu aussi, dans le genre scénario catastrophe, trouver à votre arrivée une salade aux noix et croûtons généreusement imprégnée de sauce vinaigrette.

POSSIBILITÉ N° 2 : JE NE LE DIS PAS !

Décider une fois sur place n'est pas si facile. Je vous suggère d'**ANTICIPER** vos comportements pour vous sentir plus fort à l'instant T. Lutter contre la tentation, l'ambiance, la quantité, les odeurs, les couleurs demande beaucoup de volonté. Que souhaitez-vous ? Maigrir ? Alors prenez cette soirée comme un défi. Mangez ce que vous préférez et laissez le reste.
Servez-vous en dernier : il en restera moins ! Et préparez le terrain en invoquant une semaine un peu chargée niveau alimentaire, vous êtes légèrement barbouillé et fatigué, donc vous avez moins d'appétit – même si, nous le savons, l'appétit on le garde quoi qu'il arrive.

You're the winner !

Le dire ou pas dépendra des personnes qui vous entourent. Certaines seront des moteurs de votre amaigrissement et d'autres de vrais freins. Laissez-les dire, laissez-les faire. Gardez votre envie de réussir en vous et regardez droit devant. Rien ne doit venir perturber votre motivation. Surtout pas les autres.

~ 9 ~

Fiestas : sortez votre GPS *spécial zones à risque !*

1 : LES BOLS D'APÉRO

Il est tellement difficile de résister aux saucisses cocktail, canapés, cacahouètes, amandes, olives, saucissons secs, chips…

On est tous pareils devant un bol de mini-saucisses : on en mange au minimum six en se persuadant qu'on n'a jamais été aussi raisonnable de sa vie…

On plonge la main dans **LE BOL DE CACAHOUÈTES** avec l'idée de n'en prendre qu'une et, malheureusement, le bol se vide sans se déplacer. Personne n'y a touché : vous aviez sans vous en rendre compte mis le grappin dessus !

Mon truc : de la motivation, ou arriver en ayant déjà mangé !

2 : LE BARBECUE

Enchaîner barbecue sur barbecue quand les beaux jours arrivent, j'apprécie énormément… sauf, quand ils tournent aux **SAUCISSES PARTIES.**

Merguez, chipolatas, saucisses aux herbes (ne retenez pas le mot « herbes », retenez « saucisses » !)… Bonjour M. Cholestérol !

Après une saucisse partie, ce n'est pas 1 heure de piscine qui suffira pour éliminer les réserves stockées : il vous faudra prendre une location de 24 heures dans le grand bain !

3 : LE COIN DES BOISSONS

La grande mode en ce moment, c'est le **VIN EN TONNEAU** exposé comme une toile de maître devant les invités. OK, c'est super pratique, je l'avoue, surtout pour ceux qui reçoivent. Mais pour nous, régimeurs, c'est une autre histoire…

N'installez pas votre campement devant le fût de bière ou la barrique de vin (encore moins devant le buffet) pour discuter.

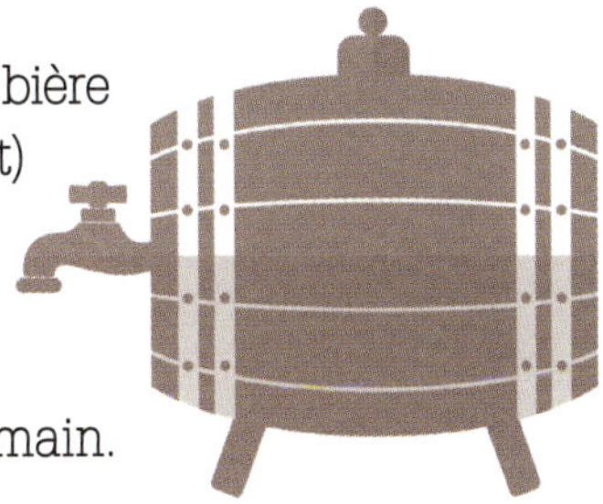

BOUGEZ-VOUS DE LÀ, allez de table en table pour rencontrer les autres invités, usez la piste de danse, montrez-vous et gardez un verre d'eau à la main.

Notez ici…

… les apéros et le comportement que vous avez eu… et les fiestas à venir, et le comportement que vous aimeriez avoir.

Inconscient, quand tu nous tiens…

Les fameuses tomates cerises que vous aviez apportées avec l'idée de limiter la casse ont été généreusement offertes aux enfants. Du coup, inconsciemment, vous aviez déjà prévu de lâcher prise…

~ 10 ~

Alcool, *parlons-en !*

« Dis, Anna, je n'aime pas l'eau ni le raisin, **EST-CE QUE JE PEUX BOIRE DU VIN ?** »
Euh… prudence, l'alcool de toute façon, c'est avec modération, régime ou pas ! En fait, vous pouvez tout faire, mais vous ne pouvez pas consommer autant d'alcool qu'avant.

VOS SOIRÉES BIÈRE, CHAMPAGNE, COCKTAIL, MARTINI, VIN ROUGE, APÉRO… CE N'EST PLUS POSSIBLE.
Si vous ne limitez pas la quantité, vous n'arriverez pas à persévérer dans votre amaigrissement. D'ailleurs, avez-vous vu ou fait beaucoup de régimes avec du vin ou de la bière à gogo ? On ne voit cela que dans les séries télévisées où les héroïnes carburent au champagne et gardent la ligne. (Elles boivent du jus de pomme dilué dans de l'eau pétillante. Ne l'oubliez jamais, et ça ne fait pas de mal de casser certains mythes.) Nous, en plus de boire par convivialité, on mange ! Souvent, les aliments les plus délicieux (gras, sucrés) sont arrosés de bon vin. On ne vous fera jamais un cabillaud vapeur accompagné d'une soupe de tomates froide avec un vin coté en Bourse.
Bien entendu, il faut préserver nos plaisirs : vous n'allez pas les supprimer mais vous adapter.

LES BORNES DES LIMITES

Quatre verres par semaine, cela me semble raisonnable : à vous de choisir le meilleur moment pour les consommer ! Hé, je n'ai pas dit 4 bouteilles ! 4 verres de 12,5 cl environ.

Jouez-la « pour fêter la fin des vacances, je me fais plaisir » plutôt que de cumuler les verres au long du séjour !

Terminé !

Ces petits nectars que vous sirotiez pendant vos soirées festives ou en attendant que votre mari rentre du boulot vont devoir céder la place à une nouvelle habitude. Je vous proposerais bien le point de croix, mais bon, je vous sens un peu réticent…

Alcool, ma feuille de route

À vous de cocher une ou plusieurs des astuces que vous allez essayer de mettre en œuvre !

> Faire durer l'unique verre que vous avez décidé de boire aujourd'hui.
> Faire un choix : apéro ou repas ?
> Boire 2 verres d'eau pour 1 verre de vin.
> Ne jamais vider votre verre complètement.
> En sortie, réduire les quantités à 2 verres de vin maximum.
> Anticiper votre décision avant de partir. « Je conduis ce soir » ou « J'envisage de réduire ma conso pour ma santé » (ne pas dire régime) sont de bonnes réponses à avoir en tête si on vous questionne sur ce nouveau comportement.
> Arriver en retard aux invitations à dîner ou à déjeuner.
> Demander un grand verre d'eau pour commencer (vous avez très soif) dès votre arrivée.
> Remplir d'abord son verre de glaçons avant de se servir, si c'est faisable.
> Choisir un petit verre.
> Proscrire au maximum l'alcool à la maison, hors des invitations et des grandes occasions.
> Au restaurant, choisir du vin au verre, mais pas une bouteille.
> Boire de l'eau à midi si vous bossez.
> Dire que vous prenez un traitement incompatible avec la consommation d'alcool.
> Savoir dire : « NON, je ne bois pas ce soir ! »
> Mettre une personne de votre entourage dans la confidence.
> Avoir préparé votre réponse quand on vous demandera ce que vous voulez boire.
> Attendre le plus longtemps possible avant de commencer.

MARS

De la variété, OK, mais de la simplicité ! Pourquoi faire simple ? Parce que contrairement à ce que certains régimes laissent croire, perdre du poids n'est pas facile. Bien que l'idée ne fasse toujours pas l'unanimité, un grand nombre de personnes ayant réussi leur régime estiment qu'il faut un cadre clair, des consignes simples, surtout lorsqu'on démarre. Alors les maîtres mots doivent rester bon sens et simplicité.

Je veux changer, alors j'accepte d'avoir des émotions difficiles à contrôler, car cela va généralement de pair.

Notons...

Mon poids du mois

Mon tour de cuisses

Mon tour de poitrine

Mon tour de mollet

Mon tour de taille

Mon tour de bras

Mon tour de hanches

Bilan à la fin du mois : combien de kilos perdus ?

Marge bénéficiaire du mois #3 :

Vous avez souffert ? Beaucoup ?
Notez cette épreuve sur une échelle de 1 à 20.

Vous êtes heureuse d'avoir perdu un peu de poids ?
Notez votre satisfaction sur une échelle de 1 à 20.

Puis calculez la moyenne, notez le résultat :

L'objectif : Bon, là, on devrait quand même arriver à un petit 14, au moins, non ? Plus ? C'est magnifique !

Carnet de notes perso

Pour noter mes succès, mes victoires, mes trucs qui marchent.

La difficulté à enfiler votre collant n'est plus d'actualité ? Le Lycra glisse mieux ? Si tout va bien, la réponse sera oui !

Mon Caddie magique

Soyons optimistes, qu'est-ce que j'y mets ?

Les choux – les choux rouges, frisés, blancs, les brocolis – sont tous des alliés régimes : ce sont des légumes à calories négatives ! Avec eux, on dépense plus de calories à les manger qu'on en ingère. Pour les fruits et leurs vitamines dynamisantes, on fonce sur l'ananas, la pomme et la goyave : salade de fruits, amie, amie, amie…

Ma boîte à outils : l'objet du mois

Je m'offre une très bonne crème pour le corps. Pas forcément une crème dite « amincissante » – soyons honnêtes 2 minutes, j'ai dit une bonne crème. Celle dont le parfum vous fera chavirer et rendra votre peau ultradouce.

Mes trucs d'enfer pour garder une taille de guêpe

Des baguettes chinoises pour manger lentement, ça marche ! Bon, c'est vrai que c'est idéal sur des sushis, beaucoup moins avec de la semoule…

L'horoscope de la régimeuse

Je fais ce qui me plaît en gardant mes objectifs, normal, j'ai mangé du Lion.

Les secrets des minces

Elles ne se jugent pas car elles se font confiance – elles savent ce qui est bon pour elles quasiment de manière instinctive. Et ce qui est bon pour elles, c'est rarement un beignet XXL garni de pâte à tartiner. Étonnant, non ?

~ 11 ~

Quelques petites choses à retenir sur l'alcool

L'alcool représente entre **4 À 7 % DE L'APPORT CALORIQUE** des régimes occidentaux. **C'EST ÉNORME.** L'alcool fait non seulement grossir, mais il inhibe toute perte de poids initialement entamée. Il diminue l'élimination des graisses, car les calories qu'il apporte sont brûlées très rapidement, avant celles des graisses.

Avec de l'eau
je draine, je draine !!!
Avec l'alcool j'me traîne,
j'me traîne !

Si les individus dépendants à l'alcool maigrissent, c'est uniquement parce qu'ils substituent l'alcool à la nourriture solide. D'ailleurs, ils perdent aussi leurs dents…

Et n'oubliez pas, l'alcool, lors des occasions festives, augmente l'appétit.

AYEZ EN TÊTE LA FAMEUSE ÉQUIPE DE REMPLAÇANTS: l'éternel jus de tomate ; une boisson light ; un bon thé ; un café ; une boisson gazeuse au citron, à la menthe… ; un jus de fruits coupé avec une eau minérale ou gazeuse ; un cachou (en attendant de choisir à l'heure de l'apéro) : ça casse l'envie d'une boisson alcoolisée (mais attention, la réglisse à haute dose n'est pas bonne pour la tension artérielle).

PAS D'OBLIGATION !

Vous avez aussi le droit de supprimer totalement l'alcool si c'est votre choix. Cela vaut le coup si vous ne l'aimez pas plus que ça. **ON NE BOIT PAS POUR FAIRE PLAISIR AUX AUTRES…**

AVANT TOUTE CHOSE, SOYEZ HONNÊTE AVEC VOUS-MÊME

Faites une liste des moments indissociables d'un petit verre, selon vous, et procédez par élimination, pour n'en garder que 4 ou 5 dans la semaine.
Exemple : le petit verre de mousseux du pot de départ de madame Musquin est-il vraiment impossible à zapper ?

BOMBES CALORIQUES !

Si les fabricants d'alcool avaient l'obligation de noter la valeur énergétique de leur produit sur chaque bouteille, vous seriez horrifié tant elle est importante.

3 verres de vin = 1 hamburger
1 vodka orange = 1 sachet de chips individuel
20 cl de vin = 2 c. à s. de beurre
1/2 litre de bière = 13 c. à c. de crème fraîche entière
8 cl de whisky = 3 c. à s. d'huile

Carton rouge

« Je bois pour oublier que je suis au régime » : changez de régime, si vous êtes déprimé à ce point, c'est qu'il ne vous convient pas.

« Je trinque à ma perte de poids de la semaine » : vous n'êtes pas près d'avoir fini !

« Je me soûle une fois par semaine » : quelle idée ?!

« **Un bon ami est comme le vin. Le plus vieux, le meilleur.**
Proverbe français

« **Une belle femme et le vin font de doux poisons.**
Proverbe oriental

~ 12 ~

On s'impose *un rythme !*

UNE PAUSE DE 4 HEURES (si, si !) s'impose entre vos repas. C'est une de mes clés gagnantes pour perdre du poids.

Mon conseil est de vous débarrasser de votre envie de grignotage de façon progressive en instaurant, par exemple, des collations bien cadrées. À vous de choisir !

À noter : collation est un mot que j'adore. Tout ce qui évoque de près ou de loin l'action de manger fait partie de mon vocabulaire favori de toute façon ! En résumé, c'est un mot emprunté à l'univers monacal médiéval. Une collation correspondait alors à un repas de fruits, ou de confiture avec un doigt de vin, pris les soirs de jeûne, autour d'un débat théologique.

Donc une **COLLATION**, on est bien d'accord, ça reste quand même quelque chose de **LIGHT** ! Une nourriture intellectuelle, en quelque sorte…

La pomme, c'est bien.
Si on oubliait le muffin ?

DU BON SENS !

PS : vous n'aimez pas jeter ? Alors vous préférez terminer votre assiette plutôt que de gaspiller. OK, c'est respectable. Mais souvenez-vous qu'en faisant cela, **C'EST VOTRE CORPS QUE VOUS CONSIDÉREZ COMME UNE POUBELLE.**
Préparez tout simplement de plus petites quantités. Vous jetterez moins. Et souvenez-vous : vous n'êtes pas une poubelle de table.
VOUS VALEZ QUAND MÊME UN PEU MIEUX QUE ÇA, NON ?

Mes astuces testées et approuvées !

Cochez la ou les astuce(s) qui vous inspire(nt) et mettez-la (les) en pratique !

☐ **Mon astuce vérité :** laissez devant vous les restes et les épluchures... On est tous capables de manger des tonnes de cerises quand on aime cela, mais quand on voit le monticule de noyaux devant nous, ça calme un peu notre élan. Ne jetez rien au fur et à mesure de votre consommation : visualisez ce que vous ingurgitez.

☐ **Mon astuce camouflage :** glissez vos paquets de gâteaux (entamés ou pas) dans un emballage de riz ou de pâtes. Du coup, votre cerveau n'aura pas enregistré ce nouveau conditionnement et la tentation sera moins forte. Nous n'en sommes pas encore au stade où l'envie de manger des pâtes et du riz crus nous obsède, quand même !

☐ **Mon astuce home-staging :** choisissez un endroit inaccessible pour stocker vos aliments « craquogènes » – la boîte aux lettres pour les chocolats, par exemple. Vous n'allez pas sortir en pyjama à 23 heures...

☐ **Mon astuce sportive :** je vous sens tellement motivé que je vous invite à prendre l'habitude de débarrasser la table de la cuisine ou de votre salle à manger en position squat (semi-fléchie) pour rentabiliser votre journée. Contractez bien les abdos... c'est parfait !

C'est du vécu !

Soirée en amoureux avec mon chéri... Au moment de débarrasser la table, il me propose de m'aider à le faire. Je refuse et j'insiste en invoquant mon obligation d'être plus active au quotidien. Donc je pars en crabe, pour muscler mes fessiers. So glamour !

~13~

La faim, *c'est dans la tête...*

Dans la tête, je veux bien le croire, mais on le sent aussi dans **L'ESTOMAC !**

Cela fait 2 h 30 que vous avez pris un repas équilibré, et la faim vous tenaille sérieusement. Ne serait-ce pas une envie ? Alors il n'y a pas 50 000 solutions : résister et prévoir une collation 4 ou 5 heures après votre repas. Il vous faut tenir encore un peu plus de 1 heure. Allez, courage !

Vous êtes au régime ou pas ? Il faut tenir, si vous mangez toute la journée vous allez avoir du mal à décoller. **STRUCTURER** les repas et s'y tenir, c'est une règle d'or.

Alors on boit de l'eau, une tisane, bref, rien d'autre parce que ce n'est pas le moment. Sortez de chez vous… et dites-vous en boucle que vous devez tenir pour réussir.

Ce n'est déjà pas drôle de savoir qu'on stocke les graisses et sa cellulite le soir en dormant, alors au moins dans la journée…

Bougeons-nous pour activer la circulation au lieu de nous lamenter sur le mode « Qu'est-ce que j'ai faim ! ».

MOI AUSSI, J'AI LA DALLE ET JE CONTINUE À ÉCRIRE !!!

AU SECOURS, J'AI FAIM !

Après quelques jours, vous êtes toujours motivé à bloc, mais il est 17 heures et j'entends votre cerveau qui vous dit : « J'ai la dalle ! » C'est quoi la dalle ? C'est quand vous pourriez voler leur goûter à vos enfants et quand, en temps normal d'humeur sereine, vous vous transformez en dogue allemand l'espace d'un après-midi.

RASSUREZ-VOUS, VOUS N'ÊTES PAS SEUL ! Votre voisine d'en face, vos collègues de travail, votre cousine ou une de vos amies l'ont sûrement ressentie une fois dans leurs vies, cette mauvaise humeur que seul un sandwich aux rillettes pourrait calmer. Non, non, je vous le confirme, vous n'êtes pas un extraterrestre…

Rahhhhh !

Vous êtes en colère et vous voulez éviter d'étrangler votre voisine d'open space ? Vous résistez devant votre réfrigérateur ? Lâchez-vous et libérez votre colère ici : **à vos crayons !** *(Ex. : j'ai envie de la mordre, mais aussi de lui faire avaler toutes les lettres de son clavier, une par une…)*

Les mécanismes de la faim

On peut schématiser en évoquant un cercle vicieux : lorsque l'on est en surpoids, notre cerveau nous impose de conserver un train de vie alimentaire apte à nous maintenir justement, à ce poids-là. Jusque-là, c'est simple. Imposez à votre corps une privation et votre cerveau va s'emballer et déclencher, comme un signal, des fringales douloureuses. Il va donc falloir inverser la vapeur. Non mais c'est qui le patron ! La tête ou la cellulite ? Mais ça ne se fait pas tout seul…

~ 14 ~

Si, si, c'est VRAIMENT *dans la tête !*

LA FAIM HOMÉOSTATIQUE, C'EST QUOI ?

La **VRAIE FAIM,** qu'on appelle homéostatique, se manifeste quand l'équilibre des repas n'a pas été respecté, que **L'APPORT ÉNERGÉTIQUE A ÉTÉ TROP FAIBLE.** Carburer à 600 calories par jour ne vous mènera pas loin et ne fera que vous dégoûter des régimes. Quand la durée entre deux repas est trop longue et quand le contenu de ce que vous avez mangé est trop sucré, trop gras ou les deux, cela déclenche la faim, une vraie faim de LOUP. C'est ce que l'on peut ressentir quelques heures après un passage éclair dans une enseigne de restauration rapide…

BON pour 1 repas «lâcher prise»

BON pour 1 repas «lâcher prise»

BON pour 1 repas «lâcher prise»

LA FAIM HÉDONIQUE, C'EST QUOI ?

La **FAIM HÉDONIQUE,** qui vient après la faim homéostatique, se rapproche d'une **ADDICTION** bien plus complexe, qui met en jeu des systèmes de « récompense » induits par la dopamine liée au plaisir de manger…
Bref, le chef d'orchestre du comportement alimentaire, c'est le cerveau, qui est informé de l'état nutritionnel et énergétique du corps quasiment en direct, par des hormones produites par le tube digestif ou le tissu adipeux. Tout est question de rééducation !

Si je note mon objectif sur un papier avec un stylo (pas sur mon ordi ou mon téléphone), mon cerveau mobilise plus facilement les ressources nécessaires pour m'aider. À vos stylos !

COMMENT TENIR SUR LA LONGUEUR ?

Vous attaquez la deuxième semaine, ravi du résultat sur la balance, vous vous sentez pousser des ailes. Super ! Je vous l'accorde, mais le bout du tunnel est encore loin, sachez-le.
Alors, autorisez-vous **UN OU DEUX REPAS EN « LIBERTÉ »** dans votre semaine. Pourquoi ? Parce que la famille, les amis, c'est important : ne vous coupez pas du monde parce que vous avez envie de maigrir. Vous mettrez plus de temps à atteindre le poids idéal. Et alors ?

Vous n'êtes pas à deux ou trois semaines près : cela fait des années que vous tentez d'en finir avec ces sacrés kilos en trop… On peut sortir, profiter de temps en temps et continuer à tenir son objectif « perte de poids ».

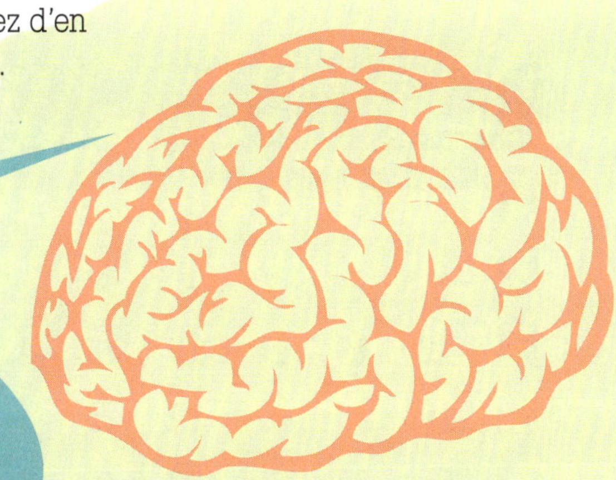

Une fois que le cerveau reçoit les bonnes infos de notre corps, c'est bon signe : moins de fringales, mais aussi moins d'obsessions et de meilleurs choix…

~ 15 ~

On se fixe *des règles !*

NE PAS SE PESER LA PREMIÈRE SEMAINE ? UNE BONNE IDÉE !

Si vous décidez d'attendre **8 JOURS SANS VOUS PESER,** cette première semaine vous semblera interminable. La plus longue de votre année, un suspense sans fin. Mais vous serez récompensé une fois le résultat obtenu. Curieusement, vous serez étonné. On résiste plus facilement à la tentation quand on ne connaît pas l'impact du régime sur notre poids.

Une **COURBE DE POIDS** sur papier vous aidera à booster votre motivation et à renforcer l'effet « je dois tenir ». Je vous conseille de la scotcher à l'intérieur du placard à biscuits, chips, cochonneries et grignotages de toutes sortes. Vous savez, celui que l'on ouvre au minimum 250 fois par jour…

Nous savons combien sept jours de régime nous semblent longs. On ne pense qu'à ça. Cette impression d'être au taquet depuis au moins un mois alors que cela fait une semaine qu'on est sur le dossier. Et inversement, trois semaines d'écarts passent en un temps record.

Janvier 2015

	LUN	MAR	MER	JEU	VEN	SAM	DIM
01				1	2	3	4
02	5	6	7	8	9	10	11
03	12	13	14	15	16	17	18
04	19	20	21	22	23	24	25
05	26	27	28	29	30	31	

Objectif :
7 jours sans monter sur la balance !

QUELQUES RÈGLES DE BASE

• **ATTENDEZ AU MOINS 4 HEURES ENTRE VOS DIFFÉRENTS REPAS.** Cela a calmé mes pulsions de grignotage.

• **OPTEZ POUR UN REPAS PLUS LÉGER LE SOIR.** Pourquoi ? Moi, le soir je fais du lard. Mon corps doit se mettre en mode fabrique industrielle de charcuterie corporelle… Dès que j'abuse de sucré ou de gras avant de me coucher, j'ai la sensation d'avoir de la mortadelle dans les cuisses. Pour d'autres, ce serait plutôt fabrique de bouée ventrale ou de prothèses mammaires 100 % naturelles…

• **VARIEZ VOTRE ALIMENTATION.** Fuyez comme la peste la routine alimentaire. Je sais que vous préférez manger toujours la même chose pour ne pas sortir du cadre de votre régime et ne pas être tenté. Je ne pense pas que ce soit la bonne solution. Avec cette façon de faire, vous cumulez trop de frustration.

3 règles simples à apprendre par cœur !

> Attendre 4 heures entre chaque consommation d'aliment.

> Manger moins gras le soir.

> Les plaisirs culinaires sont une source de motivation.

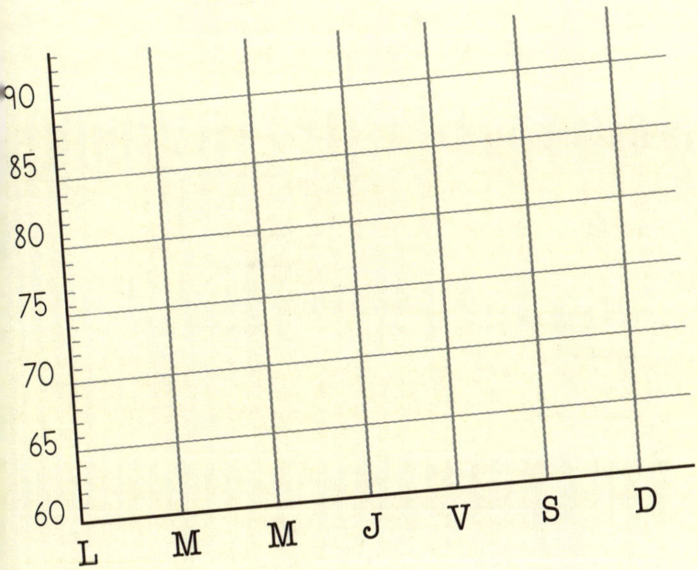

À découper ou à photocopier et à scotcher sur le placard !

Un graphique de courbe de perte de poids à remplir soi-même. (Retrouvez notre modèle en page 152.)

AVRIL

Œufs, poules et lapins en chocolat attaquent… Fuir ou ne pas fuir, telle est la question du mois ! Alors tant que vous considérez toutes les petites douceurs que vous vous octroyez comme des choix raisonnés et non comme des habitudes, il n'y a aucune raison de culpabiliser. À vous de décider quand vous allez manger votre petite douceur. Planifier, c'est gagner ! En revanche, essayez de vous les accorder quand vous serez sur le point d'atteindre votre objectif minceur, pas avant.

Notons…

Mon poids du mois		Mon tour de cuisses	
Mon tour de poitrine		Mon tour de mollets	
Mon tour de taille		Mon tour de bras	
Mon tour de hanches		**Bilan à la fin du mois : combien de kilos perdus ?**	

Marge bénéficiaire du mois #4:

Vous avez souffert ? Beaucoup ?
Notez cette épreuve sur une échelle de 1 à 20.

Vous êtes heureuse d'avoir perdu un peu de poids ?
Notez votre satisfaction sur une échelle de 1 à 20.

Puis calculez la moyenne,
notez le résultat :

L'objectif : si vous en êtes à vous faire des petits plaisirs, la moyenne devrait remonter en flèche. C'est important, et ça, ça motive vraiment.

Carnet de notes perso

Pour noter mes succès, mes victoires, mes trucs qui marchent.

> *Quand vous devez faire des choix, donnez-vous toujours trois options, sinon ça ne fonctionnera pas – moins on a de choix, plus on se sent frustré…*

Mon Caddie magique

Soyons optimistes, qu'est-ce que j'y mets ?

Enfin, on commence à se dire que l'hiver finira bien par être derrière nous ! À nous les asperges, très diurétiques et bourrées d'antioxydants, les côtes de bettes, avec une béchamel légère, les épinards frais, simplement jetés dans une poêle avec un trait d'huile d'olive et de l'ail… Et puis vive les kiwis !

Ma boîte à outils : l'objet du mois

Je m'offre un bon blender, aussi efficace pour faire des soupes veloutées que des smoothies et des jus de fruits.

Mes trucs d'enfer pour garder une taille de guêpe

Mon cycliste massant drainant ne me quitte pas, de même que mes collants jambes lourdes, qui améliorent ma circulation sanguine. Ça tombe bien, il ne fait pas encore assez chaud pour aller jambes nues en jupette !

L'horoscope de la régimeuse

Négociez vos envies, il est temps de réagir : prenez le Taureau par les cornes.

Les secrets des minces

Les femmes minces ne diabolisent pas les aliments (le chocolat ne fait pas forcément grossir) ! Non, non et re-non, elles écoutent leurs sensations, se privent peu, mais adoptent toujours des comportements raisonnables.

~ 16 ~

Le « TOC » *de la balance*

Je sais aussi combien certain(e)s d'entre nous sont des **OBSÉDÉS DE LA BALANCE.** Ce n'est pas le meilleur TOC à avoir… Je sais bien que c'est plus fort que vous, alors on fait avec. Allez-y mollo quand même…

Pourquoi ? Parce que ce n'est pas la réalité des faits.

Un grand verre d'eau et vous prenez 300 g immédiatement sur le pèse-personne (en eau) !

VOTRE BALANCE, C'EST VOTRE ALLIÉE

« COURAGE ! » Bien évidemment, vous êtes à jeun, nu comme un ver et prêt à assumer (il le faudra bien) le résultat quoi qu'il arrive. Pourquoi je vous dis ça ? Parce qu'il n'est pas forcément évident d'avoir du « moins » sur la balance malgré les efforts de la ou des semaine(s) passée(s). Au début, OUI, le résultat est souvent au RDV, mais plus le temps passera et plus ce sera difficile. C'est donc dans ces moments-là que l'on se sent bien seul face à la balance…

Votre balance vous fera plus d'une fois perdre le moral, mais vous devrez tenir, car une perte de poids motivante ne se voit pas forcément en 7 ou 10 ou 15 jours de régime. C'est bien le cumul de 7 jours + 7 jours + 7 jours qui vous amènera à l'objectif final.

Pendant ce long parcours, vous vivrez des semaines sans perte de poids, des reprises et, bien entendu, des pertes. Mais rien ne doit vous détourner de votre objectif. Si vous lâchez l'affaire parce que votre poids s'est stabilisé pendant 10 jours, vous ne verrez jamais les résultats de vos efforts.

L'effet carte bleue

Une tablette de chocolat, ce sont 100 g invisibles immédiatement sur la balance, mais deux jours après, boum !!!
Ce sont 500 g en plus. C'est le fameux « effet carte bleue » : je consomme hier et je paie dans deux jours... et je passe 15 jours pour rattraper ce soi-disant dérapage contrôlé !
Contrôlé, car vous n'avez pris QUE 100 g de chocolat ?
Pour 20 g, OK, on est dans le contrôle ; 50 g, on est dans l'écart ; à 100 g, on est dans l'excès !

On se ressaisit !

La seule chose que je souhaite vous entendre dire si vous n'avez pas maigri cette semaine, c'est : « Ce n'est pas grave, ça paiera la semaine prochaine... »
Donc on s'accroche, on y croit...
De toute façon, il n'y a que ça à faire...
Craquer ? ! Hors de question.
Ce n'est pas le moment, nous avons encore du boulot.

Notez l'heure

Notez l'heure et les aliments plaisir que vous aimez consommer (avec modération) : ainsi visualisés, vous aurez peut-être le déclic pour les limiter si leur consommation est trop répétitive (un carré au lieu d'une tablette, par exemple).
On arrête quand il n'y a plus de plaisir : à 3 tablettes, y a-t-il encore du plaisir ?

~ 17 ~
Entre les deux, *mon coeur balance !*

ACHAT CLÉ DE VOTRE DÉMARCHE MINCEUR, GARDEZ EN TÊTE QUELQUES CRITÈRES AVANT D'ACQUÉRIR VOTRE PÈSE-PERSONNE.
1/Une bonne balance doit mesurer le poids et la composition corporelle. C'est le principe de la balance impédancemètre, elle calcule le poids de votre graisse et de votre masse maigre.
Elle sert à calculer l'IMC, l'indice de masse corporelle.

2/Une balance se souvient de tout. Elle est capable de comparer votre poids et votre composition corporelle du jour avec ceux du mois dernier, du mois d'avant, etc.

Pas tous égaux devant l'IMC...

Hommes : 0 à 25 % de masse grasse en moyenne.
Femmes : 20 à 35 % de masse grasse en moyenne (pas de bol !).

3/Une balance devra faire la différence entre les changements. Lorsque vous êtes au régime, si vous perdez 1 kg, cela doit correspondre à 700 g de graisse et jamais plus de 300 g de masse maigre. Votre balance devra vous indiquer ces proportions.

4/Pour savoir si une balance est fiable, testez-la de préférence avant de l'acheter. Attrapez 2 boîtes de conserve de 200 g. Vérifiez que la balance ajoute exactement 400 g à votre chiffre de pesée précédent. Pour vérifier l'acuité de la mesure de votre masse maigre, pesez-vous, puis buvez 200 ml d'eau. Pesez-vous de nouveau, la balance devra afficher 200 g de plus à votre masse maigre.
Si votre balance a plus de 8 ans, changez-la, sa précision s'émousse.

POURQUOI SE PESER PIEDS NUS ?

(Hormis le fait que vos chaussures pèsent lourd, bien sûr !)

L'impédance est une mesure électrique, qui vient du latin *impedire*, qui signifie « entraver » : une balance impédancemètre envoie, par le biais de capteurs, un (très) faible courant électrique dans le corps. Vous ne sentirez absolument rien ! Le courant va rencontrer différentes résistances, selon qu'il traverse de la masse maigre (de l'eau, des os), et de la masse graisseuse. Puis la balance calcule d'elle-même les différentes masses des tissus que le courant aura analysés. Tadaaam !

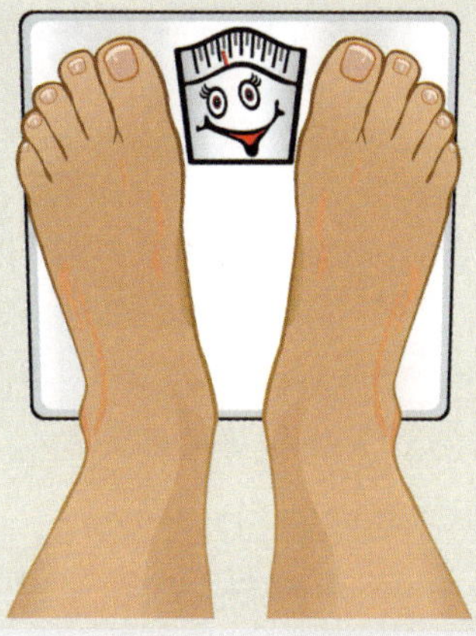

Donc... enlevez-moi ces chaussettes !

~ 18 ~

La malédiction *de la frustration*

Créer une frustration ne vous mènera à rien, sauf à abandonner dès que vous ne perdrez plus de poids. Hors de question de se ruiner lors de vos courses pour maigrir, mais de là à ne manger que du poulet, du cabillaud et des haricots verts, de la salade et des tomates, sans oublier les œufs durs… y a de la marge.

S'il y a un aliment que vous aimez par-dessus tout, **MANGEZ-LE AU PETIT DÉJEUNER.** Le matin, je sais que mon corps aura largement le temps de brûler tout ça dans la journée… Attention, je ne suis pas scientifique et je n'ai pas mis en place d'une étude sur un échantillon « représentatif » de personnes pour valider mes expérimentations ! La seule chose que j'ai remarquée, c'est que ça boostait ma perte de poids sans me mettre en danger.

LE MORAL QUI FLANCHE

Au-delà de 3 semaines de régime, il va être important d'être à l'écoute de votre corps et de vos sensations, si vous ne l'avez pas déjà fait. Êtes-vous fatigué ? naze ? triste ? déprimé ? Avez-vous la tête qui tourne ? des vertiges ? Si oui, ce n'est pas normal, changez de régime. Celui que vous faites ne vous convient pas.

Avez-vous la patate, la frite, le moral au top ?

Vous êtes joyeux (se), emballé, dynamique, heureux (se) de vivre et une pêche d'enfer : **VOUS ÊTES SUR LA BONNE VOIE.**

*Vous n'avez besoin de personne pour croire en vous, **à part vous.***

Je vous félicite, vous retrouverez la forme. Pendant l'amaigrissement, le doute risque de s'installer. Vous vous posez sûrement la question : vais-je y arriver ? Mais OUI, croyez en vous ! Vous en avez envie. En revanche c'est certain, cela ne sera pas forcément évident. Manger sans limites, c'est facile, mais se contrôler demande beaucoup d'efforts, ça n'est pas forcément naturel chez nous ! Dites-vous que grossir c'est simple, mais que vous avez décidé de ne pas choisir la facilité. Vous êtes un(e) battante(e) : vous les aurez ces kilos, vous les aurez ! Après ça, rien ne vous atteindra.

JE PROGRESSE !

Étape 1 : J'y arrive pas.
Étape 2 : Vais-je y arriver ?
Étape 3 : Je crois que je vais y arriver.
Étape 4 : Je sais que je vais y arriver.
Étape 5 : Je vais y arriver.
Étape 6 : J'y arrive.

Carnet de louanges

Notez ici les dernières tentations caloriques auxquelles vous avez résisté, comme le cupcake chez votre copine Claire, repoussé avec une force d'âme admirable.

On se souvient de la règle RTF : Réussir, Tenir et Finir.

~ 19 ~

Je n'ai pas confiance en moi… *est-ce pour cela que je n'arrive pas ou plus à maigrir ?*

Il est difficile de se sentir aimé : la solution la plus facile que vous ayez trouvée pour vous apaiser, c'est la nourriture. Vous auriez pu choisir le sport… eh bien non. Il faudra donc faire avec !

Vous êtes une reine ! Collez votre photo sur ce portrait d'Élisabeth : vous voyez, la couronne, vous êtes faites pour ça !

Nous allons essayer de faire le tour des causes d'une **FAIBLE ESTIME DE SOI** et des effets que toute forme de dépréciation peut avoir sur notre façon de nous faire du bien ou du mal. Voici donc un petit questionnaire sous forme de test.

Vous avez fait déjà un grand pas : mettre le doigt sur la ou les raison(s) qui vous ont fait perdre l'estime de vous. Vous vous êtes laissé tomber, il est maintenant temps de vous **RÉVEILLER** et de vous **RELEVER**.

Retrouver l'estime de soi vous rendra…

- Fière
- Libre
- Heureuse
- Sans complexes
- Vivante
- Motivée
- Courageuse
- Tenace
- Bien
- Apaisée
- Soulagée

Affrontez le monde !

Listez toutes les choses que vous ne faites pas à cause d'un manque de confiance en vous, et forcez-vous à les affronter, par exemple...

C'est la faute à qui ? L'entourage ?

	Oui	Non
› Dans ma vie, j'ai eu plus d'échecs que de succès.	☐	☐
› Je n'ai jamais été valorisée, complimentée.	☐	☐
› Au boulot, j'ai l'impression d'être transparente, c'est tout juste si on ne me lâche pas la porte du self dans la figure.	☐	☐
› J'ai besoin de me convaincre que j'ai beaucoup de compétences et que je suis aussi intelligente que les autres.	☐	☐
› Je ne suis pas belle. Il y a des choses plus importantes dans la vie que la beauté. Même la plus belle vieillira un jour et sera moins belle.	☐	☐
› Mes enfants ont grandi, ils n'ont plus besoin de moi.	☐	☐
› Je suis contente de ce que je réussis.	☐	☐
› Il faut toujours s'imposer pour réussir.	☐	☐
› J'ai souvent changé de boulot dans ma vie.	☐	☐
› Chez les commerçants, j'ai souvent la sensation de déranger.	☐	☐
› À la sortie de l'école de mes enfants, j'ai l'impression qu'aucune maman ne vient me parler.	☐	☐
› J'ai du mal à atteindre les objectifs que je me fixe.	☐	☐
› Je ne sais jamais par où commencer.	☐	☐
› Je n'exprime jamais mes opinions politiques ou religieuses lors de réunions entre amis.	☐	☐

Si vous cumulez plus de 7 oui, votre confiance en vous est plutôt faiblarde. Vous engager dans une reconquête de votre propre estime pourrait commencer par une épreuve de volonté : celle de changer et de mincir.

~ 20 ~

Flagrant délit de craquage… *Quand le ras-le-bol s'installe…*

Vous avez tellement essayé de maigrir dans votre vie sans résultat probant que depuis votre dernière déception, vous baissez les bras.

Vous ne voulez plus entendre parler de régime, les personnes motivées vous soûlent, vous connaissez tout mais vous ne faites rien.

Vous avez définitivement décroché, abandonné votre objectif de maigrir. Résigné, vous n'êtes plus à 2 ou 3 ou 10 kg en trop, c'est votre choix. Fidèle combattant du « stop au régime », on ne vous y prendra plus à réduire votre alimentation.

En effet. C'est votre choix, mais ce choix de ne plus lutter, n'est-il pas la conséquence de votre colère ? de votre désespoir ? d'une frustration alimentaire ? d'un ras-le-bol ?

LE RÉGIME, UN ENNEMI QUI ME VEUT DU BIEN !

J'ai entendu tellement de personnes me dire qu'il fallait arrêter les régimes… OUI, il y a des régimes « débiles » qui ne servent à rien et ruinent la santé. Mais faire attention à son alimentation et réduire un peu l'apport énergétique, cela me semble quand même important. Si je n'avais pas moins mangé et appris à voir la nourriture différemment, je n'aurai jamais maigri. C'est

Stop au régime, mais oui à de nouvelles habitudes!

« Je veux être canon, en forme, avoir la pêche et une santé de fer ! » Répétez-moi ça en boucle, s'il vous plaît…

certain, réduire, contrôler, surveiller, choisir… ce n'est définitivement pas une partie de plaisir !
C'est si facile de ne rien faire, mais où en serais-je aujourd'hui si je n'avais pas réagi en mangeant moins ?
Mon intention est de vous guider vers un objectif santé plutôt qu'apparence.

Personne ne vous demande d'être un top model, mais d'être un homme ou une femme en pleine forme.

REMISE EN ROUTE DE « LA MACHINE ORGANISATION », CERVEAU NEUF. Vous avez appuyé sur la touche « Reset » pour effacer les mauvaises ondes, les pensées négatives, les faiblesses passagères… Et vous voilà plein d'entrain pour cette nouvelle étape !

Si le mot régime vous fait sortir de vos gonds, il suffit d'appeler ça autrement !

- ☐ Un rééquilibrage alimentaire ? Bonne idée !
- ☐ Un programme nutritionnel ? Merci docteur.
- ☐ Une méthode hypocalorique ? C'est indispensable.
- ☐ Une nouvelle façon de manger ? Il était temps !
- ☐ Une alimentation saine ? Cela ne fait pas tout…

MAI

En mai, fais ce qu'il te plaît. Et pourquoi pas du sport ? Le sport, c'est de la dopamine en barre – autant qu'une tablette de chocolat, mais avec les effets inverses ! Pour qu'un pot de crème glacée ne devienne pas systématiquement un substitut de bonheur, il faut trouver des moyens d'accroître les niveaux de dopamine de l'organisme. Le sport en est un. Lorsque nous faisons de la gym, nous nous sentons rapidement de meilleure humeur, plus énergique, notre confiance en nous décolle. Mais qui dit sport dit glucides lents : avant l'effort, quelques pâtes. Des pâtes, oui, mais des pâtes cuisinées de façon plus légère.

Notons...

Mon poids du mois	☐	Mon tour de cuisses	☐
Mon tour de poitrine	☐	Mon tour de mollets	☐
Mon tour de taille	☐	Mon tour de bras	☐
Mon tour de hanches	☐	**Bilan à la fin du mois : combien de kilos perdus ?**	☐

Marge bénéficiaire du mois #5 :

Vous avez souffert ? Beaucoup ?
Notez cette épreuve sur une échelle de 1 à 20. ☐

Vous êtes heureuse d'avoir perdu un peu de poids ?
Notez votre satisfaction sur une échelle de 1 à 20. ☐

Puis calculez la moyenne,
notez le résultat : ☐

L'objectif : si vous vous mettez au sport, la moyenne risque de chuter un peu car vous allez classer les courbatures dans la colonne « souffrance ». Mais là aussi, ça ne durera pas !

Carnet de notes perso

Pour noter mes succès, mes victoires, mes trucs qui marchent.

Je commence à comprendre à quel point il est important de sortir de table quand mon estomac est plein et non quand je dois défaire mon bouton de pantalon ou de jupe...

Mon Caddie magique

Soyons optimistes, qu'est-ce que j'y mets ?

Mai, c'est la fête ! Betteraves, aubergines, fenouil, radis. De quoi commencer à voir le régime du bon côté ! Les premières vraies bonnes tomates, les premières fraises, quel bonheur…

Ma boîte à outils : l'objet du mois

Un bon vieux gant de crin ! Rien de tel pour avoir une peau de pêche, un peu plus ferme chaque semaine. Pour les plus courageuses, bien sûr, on termine la douche par un jet d'eau froide sur les jambes. Ça saisit, mais c'est tellement bénéfique !

Mes trucs d'enfer pour garder une taille de guêpe

Un abonnement sportif pour réveiller mes muscles, une carte de piscine, tout est bon ! Choisissez des activités telles que le sauna et le hammam dans votre *package* : effort, réconfort…

L'horoscope de la régimeuse

Gémeaux, une partie de vous penche vers le réfrigérateur, et l'autre, du côté du vélo d'appartement. Choisissez judicieusement !

Les secrets des minces

Elles ont faim, elles mangent et non parce que c'est l'heure ! Elles sont à l'écoute de leur corps : fatiguées, elles vont dormir 20 minutes…

~ 21 ~

Luttons *ensemble !*

Lorsque l'on fait attention à sa ligne et que l'on veille à limiter son apport calorique, le moment le plus difficile se profile aux alentours de 16-17 heures, puis arrive ensuite la phase du 21 h 30-22 h 30 : la **FAIM HÉDONIQUE** va vous titiller. Cette faim uniquement basée sur l'envie de se faire plaisir, celle qui nous pousse à manger des cochonneries sucrées ou salées.
Cette faim-là, elle est coriace, elle ne vous quittera pas de sitôt. Y a-t-il une solution pour l'anéantir ? Peut-être que oui…

Faim homéostatique : je mange pour vivre.

Faim hédonique : je mange pour le plaisir.

J'ai trop faim !

Certains d'entre nous ne ressentiront jamais la faim, la vraie, celle qu'on appelle « homéostatique ». Celle qui vous donnera mal à la tête et/ou la nausée, qui fera peser sur vous une fatigue fulgurante, vous donnera des vertiges, bref, une dalle dont le seul remède sera de manger. Dans ce cas bien précis, un repas est obligatoire.

Relations de cause à effet

Principe de gratification immédiate : un paquet de chips : « Hmm trop bon ! »

Principe de réalité : la culpabilité une fois le paquet vide : « Je suis nulle et moche. Et grosse. »

Principe de valorisation, je résiste aux chips : « Je suis trop forte. Qu'est-ce que je m'aime ! »

La tisane, c'est super tendance !

L'ENNEMI EST DÉMASQUÉ : LA FAIM HÉDONIQUE

1. Apprendre à la reconnaître.
2. Se convaincre qu'elle ne vous aura pas.
3. Se dire : « Je veux quoi ? » « Maigrir. » « Alors tu ne manges plus pour aujourd'hui : tu as déjà mangé et rappelle-toi, hier, tu as craqué. »
4. Ne pas valider l'écart d'hier en craquant de nouveau.
5. Se brosser les dents (étonnamment, c'est très efficace ! À tel point d'ailleurs que je voulais écrire un chapitre entier à ce propos !).
6. Se dire : « Comme je vais être fier de moi demain matin ! »
7. Et continuer par : « C'est qui le champion ou la championne ? » C'est MOI.
8. Tromper l'ennemi par une grande tasse d'eau chaude citronnée.
9. Achever définitivement l'adversaire avec toutes les déclinaisons possibles de tisanes du monde et de l'univers.

Pourquoi ai-je faim ?

- Ai-je fait 3 repas par jour ?
- Ai-je suffisamment mangé pendant mes repas ?
- Ai-je mangé des choses intéressantes d'un point de vue nutritionnel lors ces repas ?
- Est-ce que je fais une collation ?
- La faim arrive-t-elle le matin, l'après-midi, le soir ?
- À quelle heure ai-je faim ?
- Est-ce que je mange beaucoup ou peu aux repas ?
- Combien de temps s'écoule entre deux repas ?
- Est-ce que j'applique les principes de base de l'équilibre alimentaire ?
- Est-ce que je mange des féculents, des sucres lents qui me donnent de l'énergie sur le long terme ?

~ 22 ~

Produits allégés : *une fausse bonne idée…*

Pour pallier le manque, vous décidez de favoriser les allégés. J'ai eu le même réflexe que vous pendant mon amaigrissement, mais j'ai vite changé d'avis. Quand on consomme trop souvent des allégés, j'ai remarqué qu'on favorisait davantage la quantité.

ALLÉGÉ = FAUX AMI

Notre bonne conscience nous susurre à l'oreille : « C'est allégé donc tu peux compenser avec un petit plus à côté. »
Allégé ne veut pas dire zéro calorie ou zéro sucre. Par exemple, bonbons sans sucre = sans saccharose, mais avec des polyols qui apportent des calories. Le chocolat light est sans sucre, mais plus gras que le chocolat normal.

DES PRODUITS VALORISANTS

Vous l'avez compris, certaines campagnes marketing sont spécialement destinées aux régimeuses et régimeurs…

Action !

Arrêtons de diaboliser les matières grasses : elles sont indispensables. Limitez-les, mais ne les supprimez pas.

Privilégiez la qualité à la quantité, même s'il y a eu de gros progrès en vingt ans sur le goût de ces produits. Dans mes préparations, je préfère utiliser du jambon ou du bacon plutôt que des lardons (j'en mange aussi, mais moins souvent). Je mets du vrai gruyère dans mon gratin, mais je cuisine le poisson au four. Je préfère couper ma vinaigrette avec un peu de lait ou d'eau plutôt que d'acheter une vinaigrette allégée (sauf si j'adore son goût).

À l'achat, les produits allégés sont plus chers, et donc plus… attirants. Si, si. Ils déclenchent chez nous un espoir caché : « Je vais perdre du poids. » Inconsciemment, le prix élevé atteste l'efficacité du produit. « C'est bon pour ce que j'ai : un surpoids » ou « C'est scientifiquement prouvé, et c'est pour ça que c'est si cher… Il a bien fallu payer les chercheurs ultraqualifiés qui ont mis au point cette merveille. »

HALTE AUX ARNAQUES !

Qui se souvient de ce produit vendu en grande distribution qui faisait de son « 0 % de matière grasse ! » un argument massue ? Il s'agissait d'une friandise à sucer au bout d'un bâtonnet composée de 98,8 % de sucre… Pensez toujours à coller – mentalement en tout cas – l'étiquette certifiée ONEPDP (on n'est pas des pigeons) sur ce genre de fumisterie…

ON N'EST PAS DES PIGEONS !

Fuyez les mentions « allégé », et tout packaging où apparaît une femme souvent un peu dénudée et mince, comme un mannequin.

Et si on mettait un peu de bon sens dans nos façons de consommer ?

Si, par exemple, un emballage de thé spécial minceur-détox-antigras-antirides-antichute de cheveux vous affiche une mention « sans gluten ! », demandez-vous ce qu'on cherche à vous faire avaler… en termes de prix ?

~23~

Je suis une serial-killeuse... de kilos ! *(Petite piqûre de rappel pour le quotidien)*

LES TRUCS INDISPENSABLES

- Je prépare une courbe de poids sur mon ordi ou sur la fiche en page 152 de ce carnet. C'est tellement bon de voir sa courbe descendre !
- Je prévois, j'anticipe mes menus : rien de pire que de ne pas savoir ce qu'on va manger quand la faim arrive. Planifiez vos 3 repas principaux matin, midi et soir. S'il vous faut une collation, OK, prévoyez-la aussi.
- Je m'achète les ustensiles de cuisine indispensables pour me faciliter la vie, comme une poêle antiadhésive, une Cocotte-Minute, un spray pour l'huile, une centrifugeuse.
- Je note l'heure à laquelle je suis prise d'envies pour mes aliments plaisir préférés. Ce carnet est là pour ça. Vous aurez peut-être le déclic pour en consommer moins si vous constatez que votre addiction au sucré/salé, gras est trop répétitive.

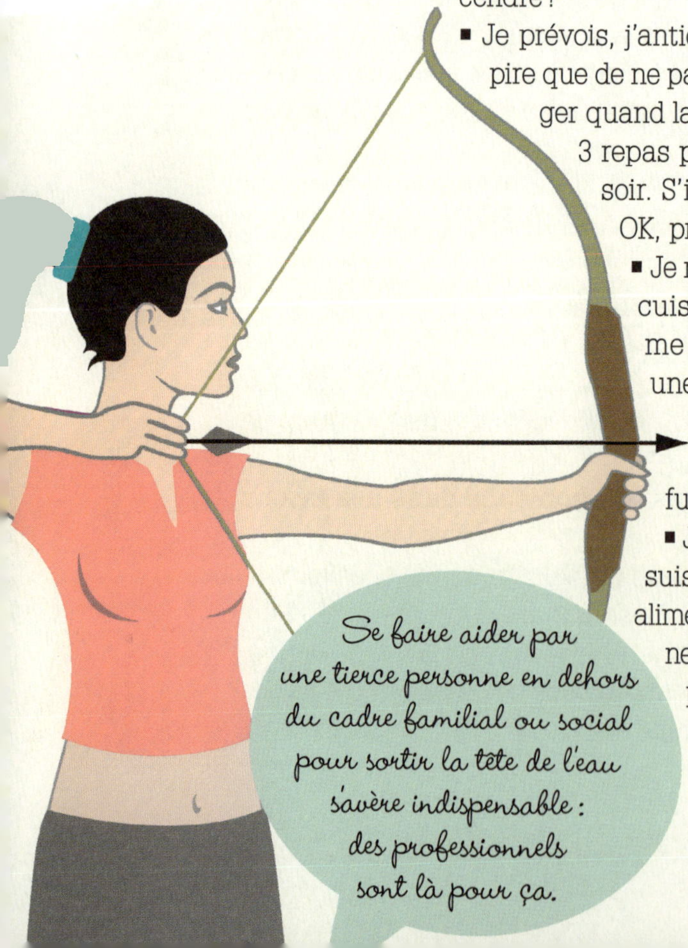

Je mesure les zones stratégiques (poitrine, taille, hanches, cuisses, mollets...) de mon corps et je note les mesures dans ce cahier, à la page du mois concerné. Inutile d'insister sur le cou, les doigts et les poignets...

À SE RÉPÉTER LE SOIR POUR FAIRE LE POINT ET NE RIEN LÂCHER

- Je gère mon état d'esprit. Moralement, comment est-ce que je me sens ?
- Je garde mon objectif en ligne de mire, je sais ce que je veux. D'ailleurs, personne ne le fera pour moi !
- Je fais des choix : ça ou ça, pas ça et ça !
- J'anticipe ma journée : si je sors ce soir, ce matin et à midi, je vais faire gaffe.
- Pourquoi est-ce que je veux maigrir ? Pour MOI. Perso, mes 35 kilos en moins ont changé ma vie !

COMMENT CHANGER ?

PREMIER POINT : il faut VOULOIR changer. Sinon, ça va être dur. Mettre en place un ou plusieurs nouveaux comportements faciles pour pouvoir les tenir à vie. Pour bien commencer, choisissez parmi vos comportements ceux que vous voulez éliminer : il ne serait pas réaliste de vouloir tout changer d'un seul coup ! Par exemple, parmi les habitudes qui causent mon surpoids, il y a le fait que je me lève la nuit pour manger – et pourtant, je ne suis pas somnambule. Et que je croque des morceaux de sucre dès que j'ouvre le placard à épicerie.

Dès que vous retombez dans vos travers, essayez de comprendre pourquoi.

Ma copine Carole vous dirait : « **APPRENEZ DE VOS ERREURS, REMONTEZ-LE TEMPS POUR COMPRENDRE CE QUI A DÉCLENCHÉ VOTRE CRAQUAGE, VOTRE ENVIE DE DÉVORER, DE VIDER LA BOUTEILLE DE VIN, DE FINIR LES TABLETTES OU DE LIQUIDER LE KILO DE CERISES.** »

Est-ce parce que vous vous sentez fatigué, un peu triste en ce moment, débordé, trop de projets en tête, en attente de résultats, de décisions, d'accords, seul, mal accompagné... ? Vous trouverez une solution, mais encore faut-il savoir où chercher !

~ 24 ~

Zoom sur le petit déjeuner
Épisode 1, je n'ai pas faim !

VOUS ÊTES PETIT DÉJEUNER OU PAS ?

Moi, clairement, c'est oui. Après avoir passé 8 heures à dormir, j'ai besoin de recharger les batteries. Si ce n'est pas votre cas, dès le réveil, donnez-vous 2 heures pour manger quelque chose.

JE N'AI PAS FAIM EN ME RÉVEILLANT...

Toutes les excuses sont bonnes pour ne rien manger le matin, mais de changer de comportement vous permettra de mieux affronter la matinée et la journée. À chaque fois que j'ai pris un bon petit déjeuner, mon appétit a été régulé et je n'ai pas eu de fringales en fin de matinée ni l'après-midi vers 17 heures.

Une bien belle machine !

Le corps, dans sa grande et sublime complexité, digère ce qu'il ingère pendant environ 24 heures. Les aliments passent 4 heures dans l'estomac, puis 6 à 7 heures dans l'intestin grêle, le temps que tous les éléments, nutriments et liquides s'assimilent et se dégradent. C'est exactement sur ce rythme que se cale notre consommation de nourriture : 8 heures-midi-16 heures-20 heures. La vie est bien faite ! D'où l'importance de ne pas zapper la première étape, celle du petit déjeuner...

Vous n'êtes pas obligé de petit-déjeuner au saut du lit. N'attaquez pas bacon, œufs au plat, saucisses et fromage dès le réveil non plus, surtout si vous n'avez jamais l'habitude de manger le matin !

Préparez-vous un clafoutis, un cake léger… et mangez-le tranquillement. Une part de gâteau maison où les ingrédients sont contrôlés sera facile à consommer et vous apportera un réel plaisir. Accompagnez-la d'une boisson… le tour est joué.

POURQUOI JE NE MANGE RIEN LE MATIN ?

- Pas le temps
- Pas l'habitude
- Pas faim
- Pas envie
- Rien de prévu
- Je n'y pense pas
- Trop pressé le matin
- Je grignote assez dans la journée
- Je me lève trop tôt
- Je me lève trop tard
- Je bosse la nuit
- Je digère encore de la veille,
- J'ai trop mangé le soir

OBJECTIF DU JOUR : ne jamais avoir FAIM. Et si on ne prend pas de petit déjeuner, c'est mort !
Votre état de satiété doit durer au moins 4 heures jusqu'à votre prochain repas.

Le matin, certains ont de l'appétit, d'autres pas !

~ 25 ~

Zoom sur le petit déjeuner
Épisode 2, les solutions

POUR BIEN DÉJEUNER, IL FAUT...

- Prévoir la veille ce qu'on va manger le matin.
- Manger ce que l'on aime.
- Préparer un gâteau et le découper en portions pour le matin.
- Acheter des aliments faciles à utiliser le matin.

Dans mon gâteau du matin, à la place de la farine blanche, je mets de la farine complète bio, beaucoup plus rassasiante.

- Prévoir des fruits frais, appétissants et pleins de vitamines.
- Varier.
- Commencer par une boisson et un féculent.
- Créer l'habitude pour que cela devienne naturel et régulier.
- Commencer petit à petit.
- Commencer en vacances, c'est déjà un début. Ou le week-end !

LE MATIN, JE PENSE DONC À PRENDRE...

- Une boisson : j'hydrate mon organisme (thé, café, eau).
- Un féculent pour un apport en carburant (pain, céréales, galettes...).
- Une protéine : œuf dur, jambon, fro-

Faites un très bon petit déjeuner dans les 2 heures qui suivent le lever. Y a pas urgence ! Deux heures, ça laisse le temps aux « nauséeux sans appétit pas du matin » d'émerger !

Si vous le pouvez, prévoyez quelque chose à emporter et à manger en arrivant sur votre lieu de travail. Non, pas de chouquettes, de croissant au beurre ou de pain au chocolat achetés sur le départ, chez le boulanger d'en face...

mage maigre... j'ai plus de satiété quand j'en consomme le matin, je tiens plus longtemps et je ne ressens pas la faim.

- Un fruit. Bien calée, je suis prête à démarrer ma journée. D'ailleurs, c'est mon repas préféré.

Clafoutis super light aux myrtilles

20 g de beurre pour le moule
1 cuill. à café de sucre
500 g de fromage blanc (à 20 % de MG)
4 œufs
1 citron
2 cuill. à soupe de farine
2 cuill. à soupe de raisins secs
1 pincée de sel
75 g de sucre en poudre
350 g de myrtilles
1 cuill. à soupe de sucre glace

Aujourd'hui, je me mets aux fourneaux !

Préchauffez le four à thermostat 6 (180 °C). Beurrez l'intérieur d'un moule à manqué et saupoudrez-le de la cuillerée à café de sucre.
Dans une jatte, mélangez le fromage blanc, les jaunes d'œufs, le zeste râpé du citron, la farine et les raisins.
Montez les blancs d'œufs en neige avec le sel. Lorsqu'ils sont fermes, ajoutez le sucre restant. Cessez de fouetter quand la masse est lisse et brillante. Incorporez cette meringue à la préparation précédente. Versez-en la moitié dans le moule. Répartissez les myrtilles et recouvrez du reste de pâte. Enfournez et laissez cuire 40 minutes. Saupoudrez de sucre glace.

JUIN

C'est le mois des mariages… quelle robe allez-vous mettre ? Attention aux programmes minceur qui vous inciteront à consommer tous les jours des soupes ou des jus, et surtout, méfiez-vous des régimes liquides – le système digestif a besoin de « dur » pour fonctionner à pleins tubes ! Vous pouvez manger une soupe lors d'une collation, en fin de matinée ou l'après-midi, et même pour votre repas du soir si vous êtes pressé, mais ne tombez pas dans le piège du « tout liquide ». L'idéal est d'alterner des repas consistants avec des choses plus light.

Notons…

Mon poids du mois ☐

Mon tour de cuisses ☐

Mon tour de poitrine ☐

Mon tour de mollets ☐

Mon tour de taille ☐

Mon tour de bras ☐

Mon tour de hanches ☐

Bilan à la fin du mois : combien de kilos perdus ? ☐

Marge bénéficiaire du mois #6 :

Vous avez souffert ? Beaucoup ?
Notez cette épreuve sur une échelle de 1 à 20. ☐

Vous êtes heureuse d'avoir perdu un peu de poids ?
Notez votre satisfaction sur une échelle de 1 à 20. ☐

Puis calculez la moyenne,
notez le résultat : ☐

L'objectif : vous en arrivez à la moitié d'une année, et une année, c'est long ! Donc, quelle que soit votre moyenne aujourd'hui (ou le poids atteint), il est important de mesurer le chemin parcouru en termes d'engagement et de bonnes habitudes.

Carnet de notes perso

Pour noter mes succès, mes victoires, mes trucs qui marchent.

Je raye de mon vocabulaire toutes ces réponses : trop faim, trop stressé, pas envie, pas motivé, trop compliqué, mon corps ne veut pas…

Mon Caddie magique

Soyons optimistes, qu'est-ce que j'y mets ?

Ah, les artichauts ! Le céleri, le chou romanesco et les courgettes, les bonnes grosses tomates charnues… la liste des fruits et légumes d'été ne cesse de s'allonger ! À nous les ratatouilles, le melon en salade avec une fine tranche de jambon de Parme… Au rayon des fruits, les nectarines, la pastèque et les fraises se prêtent à tous les smoothies…

Ma boîte à outils : l'objet du mois

Un appareil photo et un gentil opérateur qui me fait prendre la pose tous les mois : je mesure à vue d'œil les progrès parcourus. C'est étonnant de se voir changer, et cela valide les acquis !

Mes trucs d'enfer pour garder une taille de guêpe

Je feuillette mon livre de cuisine minceur tous les jours ! Je ne cuisine pas forcément tout ce que j'y trouve, mais ça me donne des idées, ça trotte dans la tête et ça finit par se faire. Ça m'évite de me laisser parasiter par des obsessions de cassoulet.

L'horoscope de la régimeuse

Tête baissée, les Bélier foncent décidément sur leur objectif minceur !

Les secrets des minces

Les minces ont généralement opéré un *reset* sur les phrases types de leurs parents : « Finis ton assiette », « Fais plaisir à maman ». Bref, elles sont libres vis-à-vis de la nourriture.

~ 26 ~

On garde *le cap !*

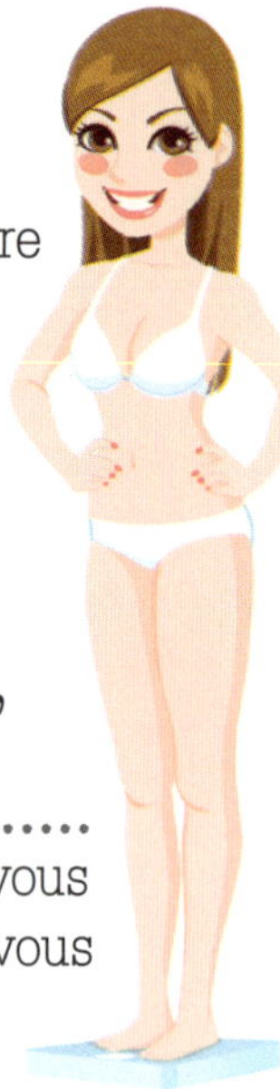

À la fin de cette aventure minceur, vous pourrez vous dire que le résultat obtenu est une grande fierté, et que vous ne le devrez qu'à vous-même. Vous avez réussi grâce à tout ce que vous n'avez pas dévoré ou grignoté. Vous le savez maintenant, la persévérance est de mise.

MAIS AVANT TOUTE CHOSE, ON FAIT LE POINT

Et si on arrêtait de se peser ? Oui ? Non ? Je ne vous sens pas super emballée, je suis d'accord avec vous la balance est notre amie… Mais trouver d'autres solutions peut s'avérer plus efficace.

Combien d'abandons dus au résultat annoncé ? Combien de déceptions à la vue du chiffre inscrit, combien de ras-le-bol si les grammes ne descendent pas ? Bref, un nid à problèmes votre balance. Déclencheur de mauvaise humeur, de blues total, de complexe consolidé et d'estime de soi dévalorisée dus à un malheureux chiffre sur la balance. Si c'est votre cas, alors changez d'attitude !

CÉLÉBREZ CHAQUE CENTAINE DE GRAMME, ou chaque centimètre de tour de cuisses perdu ! C'est usant d'être toujours sur ses gardes, de faire attention, d'être constamment dans le contrôle alimentaire, mais cela en vaut la peine. Arrêter de sortir ? Impossible. Une fois, mince vous n'aurez plus d'amis : mince, mais seul… Alors sortez, profitez de ces instants conviviaux, de l'ambiance, avec pour seul impératif de faire des choix.

Sachez que 400 g par semaine, cela représente 20 kg au bout d'une année. Si vous avez plus de 15 kg à perdre, ne soyez pas pressé.

JE VOUS INVITE À SAUTER DE JOIE pour une perte de poids aussi petite soit-elle comme 100, 200, 300 ou 400 g. De toute façon, l'objectif final, vous l'atteindrez.
Une habitude ne se change pas en un jour, et si vous avez une quinzaine d'habitudes, de comportements, de réflexes à changer, eh bien il vous faudra bien quelques mois, voire quelques années pour modifier tout ça ! Sortons de cette spirale infernale qui consiste à maigrir super vite, donc à battre des records de perte de poids pour regrossir au final.
Alors si vous avez perdu 100 g, je vous dis : BRAVO !

Do it yourself : le collier de la réussite

Sans faire preuve soudain d'un talent artistique particulier, l'idée est de se confectionner un bijou symbolisant la réussite. Trouvez des perles (peu importe la grosseur), du fil et une aiguille. À partir d'aujourd'hui, chaque réussite, aussi petite soit-elle, sera associée à une perle.

Exemple
Aujourd'hui j'ai bu mon 1,5 l d'eau = 1 perle.
J'ai perdu du poids = 1 perle (toujours de la même couleur) pour la perte de poids.
Je n'ai pas grignoté = 1 perle, etc.
Perle rose = perte de poids.
Perle bleue = zéro grignotage.
Perle mauve = un jogging...
À vous de décider des codes couleur de vos perles, selon vos objectifs persos. Le jour où vous serez démotivée, où vous vous sentirez nulle, ressortez-moi votre « bijou réussite » et considérez que vous ne l'auriez pas obtenu en claquant des doigts. Ce sont vos efforts qui ont payé, et pour cela : Bra-vo !

~ 27 ~

Pourquoi c'est bien *de boire de l'eau ?*

Vous vous dites peut-être que boire de l'eau ce n'est pas si important ? Alors là, vous avez tout faux. On perd environ 3 litres d'eau par jour : il faut donc renouveler le stock. La moitié est apportée par les aliments et l'autre moitié par l'eau que vous devez boire, soit 1,5 litre.

Ma grand-mère maternelle parfumait son eau avec 2 ou 3 gouttes de vin rouge – la modération, elle connaissait...

Même si l'eau ne vous fera pas maigrir, elle permet de mieux éliminer les toxines dues à la perte de poids. Au final, l'amaigrissement est plus dynamique.

Et puis l'eau est riche en sels minéraux, et quand on fait un régime, on perd des sels minéraux. L'eau peut être une façon de les récupérer.

POUR NE PAS OUBLIER

- Un Post-it, une application « rappel » sur votre portable si vous êtes du genre chameau (« Moi, je ne buvais jamais ! »). On s'oblige un minimum : petit bip, buvez !

Les bonnes quantités

3 gorgées d'eau toutes les heures

3 petites bouteilles ou une grande par jour

À éviter

- Je ne bois que du café.
- Je ne bois que des sodas.
- Je ne bois que de l'eau gazeuse : certaines eaux gazeuses trop salées favorisent la rétention d'eau : c'est à vous miner le moral au moment de passer sur la balance.
- Vider sa bouteille de 1 litre en 5 minutes.
- Je ne mets pas une tonne de grenadine (c'est un concentré de sucre !).

■ Un verre d'eau rempli dans la cuisine, toujours dispo (on s'y promène souvent, nous, dans la cuisine !).

■ Des petites phrases comme « Si j'ai faim, je bois », « Je vais aux toilettes, je bois », « Je m'ennuie, je bois » doivent devenir des automatismes !

LES BONS MOMENTS

■ Le matin au saut du lit ou dans le lit.

■ Chaque fois que vous faites une pause au bureau.

■ Dans votre voiture, au feu rouge.

LES TRUCS ANTI RAS-LE-BOL

■ Une eau gazeuse pas trop salée, cela nous change.

■ Pour plus de plaisir, aromatiser naturellement les eaux avec de la cannelle, de la menthe, du citron, du thym, du thé…

■ Du café frappé dans un grand verre de glaçons ?

Notre corps est constitué de 75 % d'eau

L'eau dans votre corps

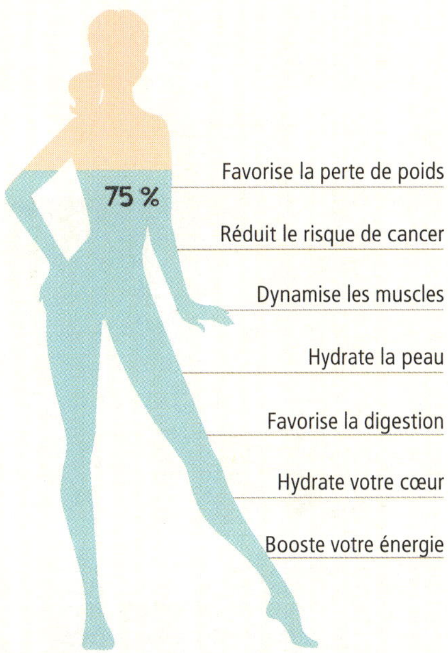

~ 28 ~

Je mange *trop* !!!

C'est un fait, vous êtes comme moi avant que je ne décide de maigrir : vous mangez trop. Il vous en faut toujours plus, vous n'êtes jamais rassasié, vous avez l'impression d'être un puits sans fond.

CHEZ LES AUTRES

Dès que vous êtes invité, **VOUS AVEZ PEUR DE MANQUER**. Vos yeux scrutent le moindre plat, la moindre cacahouète, la variété des petits fours, rien ne vous échappe. Et vous vous empressez de recharger votre assiette avant que les autres se réveillent.

CHEZ VOUS

Vous aimez voir les autres manger vos préparations, vous insistez pour que les invités en reprennent, vous êtes épicurien et fier de l'être. Du matin au soir, rien de tel que de bonnes choses à savourer. Chez vous, il y en a pour tous les goûts : le frigo est blindé, les placards débordent et le congélateur est au max de sa capacité.

Vous ne savez pas d'où cela peut venir, mais ce besoin de manger ne vous quitte pas. Les assiettes sont toujours remplies, ainsi que les verres. Quand vous finissez de manger, vous vous resservez. Vous avez besoin de finir et vous

Votre assiette et vous, c'est une longue histoire...

Rien ne manque dans vos placards. La reine du shopping alimentaire, c'est vous !

faites les fonds de casserole en fin de repas. Rien que de savoir qu'il va falloir se mettre en « mode régime », si ce n'est pas déjà fait, vous avez faim, vous ne savez pas comment vous allez faire, les portions homéopathiques qu'on vous propose vous angoissent. Votre estomac est si dilaté depuis des années que vous avez un mal fou à évaluer les bonnes doses. Dans les pages qui suivent, je vous propose quelques petites astuces pour retrouver l'équilibre.

Que devez-vous modifier dans votre façon de faire ?

On identifie les problèmes : cochez ce que vous devez impérativement changer dans vos habitudes alimentaires et dans vos goûts, sachant que :
1 case **non** ; 2 cases, **je ne pense pas** ; 3 cases **peut-être** ; 4 cases **certainement** ; 5 cases **absolument** ; 6 cases **rigoureusement**

Boire de l'eau	☐	☐	☐	☐	☐	☐
Équilibrer mon assiette	☐	☐	☐	☐	☐	☐
Manger moins gras	☐	☐	☐	☐	☐	☐
Manger moins sucré	☐	☐	☐	☐	☐	☐
Boire moins d'alcool	☐	☐	☐	☐	☐	☐
Je mange trop en quantité	☐	☐	☐	☐	☐	☐
Je mange une fois par jour	☐	☐	☐	☐	☐	☐
Je suis désorganisé	☐	☐	☐	☐	☐	☐
Je n'aime pas les légumes	☐	☐	☐	☐	☐	☐
J'ai toujours faim	☐	☐	☐	☐	☐	☐
Je ne sais pas m'arrêter	☐	☐	☐	☐	☐	☐
Je suis sédentaire	☐	☐	☐	☐	☐	☐
Je suis accro au chocolat	☐	☐	☐	☐	☐	☐
Lorsque je sors, je ne sais pas quoi choisir	☐	☐	☐	☐	☐	☐

Comptez vos cases : au-delà de 35 cases : ça va vraiment être difficile ! Tout est à revoir. (Ne vous leurrez pas, à 34 cases aussi.)

~ 29 ~
Le B.A.-BA
des courses hypocaloriques

Le saviez-vous : amaigrissement optimisé rime avec économie du porte-monnaie ? Je vous sens bien plus motivé, d'un seul coup !

ON SCANNE LE FRIGO

Vous avez sûrement vidé les dernières mousses au chocolat hier soir, ainsi que toute nourriture pouvant éventuellement vous tenter, mais est-ce la bonne stratégie ? Ne rien avoir donne envie de tout manger. Pour ma part, je vous conseille de **NE PAS TROP STOCKER** pour que la date limite de consommation tourne toujours autour de 2 à 3 semaines. Car une DLC (date limite de consommation) trop proche nous pousse à manger ! Faut pas gâcher !

Si votre frigo est trop plein, vous n'aurez qu'une obsession : le vider. Si votre frigo est trop vide, vous ne penserez qu'à manger, en plus d'être frustré.

LE JUSTE MILIEU, C'EST À VOUS DE LE TROUVER. NI TROP, NI PAS ASSEZ.

1. Je fais faire mes courses chaque semaine avec une liste précise de mes achats.
2. Je planifie tous mes menus. Oui, tous.
3. J'ai pris le temps de faire ma liste sur un tableur, un poil psychorigide, certes, mais ultrarassurant.
4. Je ne déroge jamais à ce que j'ai écrit sur ma liste.
5. J'achète en ligne pour ne pas être trop tentée.
6. J'achète chez mon épicier de proximité (parce qu'il est super !), mais surtout pour acheter en moins grandes quantités.

7. Je choisis aussi un aliment plaisir « phare » rien que pour moi chaque semaine.
8. Je ne fais JAMAIS, et je le répète, JAMAIS de courses le ventre vide. Toujours lorsque je suis bien rassasiée.
9. J'attaque mes courses par les derniers rayons du supermarché : ceux des fruits et légumes, viandes et produits alimentaires de base. Ils seront les premiers à remplir votre Caddie et donc il restera moins de place pour les aliments superflus. Les agencements de la plupart des très grandes surfaces vous forcent à parcourir les rayons en allant du plus futile et superflu vers l'essentiel. En entrant dans un supermarché, les rayons des gâteaux apéritif, des alcools, des desserts et des gâteaux sucrés sont généralement les premiers que vous arpenterez...

10. Je n'achète jamais de plats préparés et encore moins de plats dits allégés.
11. Je ne me laisse pas avoir par les promos hurlantes de têtes de gondole (« Pour deux boîtes de cookies achetées, vous repartez avec une gratuite ! » Super l'idée !)
12. Laissez la CB et le chéquier à la maison, prenez du liquide, vous verrez, c'est génial pour rester dans les clous !

Testez le mode drive : j'ai anticipé mes choix en ligne chez moi et je n'ai qu'à charger ma voiture.

13. Lisez les étiquettes pour connaître la composition, la valeur nutritionnelle de ce que vous achetez... N'oubliez pas les lunettes de vue si vous en avez besoin.
14. Finissez par les rayons plaisir : en fin de courses, on est plus fatigué et on a moins de temps.

Mon truc en +

Faites prendre l'air à vos talons hauts : on traîne moins longtemps dans les rayons, surtout si on aime être à plat.

JUILLET

La principale raison qui pousse à abandonner un régime est la privation du plaisir que procure la nourriture. Comme des fleurs sans eau, si nous ne comblons pas nos désirs, nous périssons ! La dopamine est un neurotransmetteur qui permet de contrôler, dans le cerveau, les zones du réconfort et du bonheur. La dopamine est donc la clé du plaisir. Elle envoie des signaux chimiques au cerveau qui régulent les réponses émotionnelles nous poussant à rechercher du réconfort et, cerise sur le gâteau, à agir pour l'obtenir.

Quand il fait chaud, le seul mot d'ordre, c'est gaspacho !

Notons...

Mon poids du mois	☐	Mon tour de cuisses	☐
Mon tour de poitrine	☐	Mon tour de mollets	☐
Mon tour de taille	☐	Mon tour de bras	☐
Mon tour de hanches	☐	**Bilan à la fin du mois : combien de kilos perdus ?**	☐

Marge bénéficiaire du mois #7 :

Vous avez souffert ? Beaucoup ?
Notez cette épreuve sur une échelle de 1 à 20. ☐

Vous êtes heureuse d'avoir perdu un peu de poids ?
Notez votre satisfaction sur une échelle de 1 à 20. ☐

Puis calculez la moyenne,
notez le résultat : ☐

L'objectif : là, on approche du 15 je suis sûre !

Carnet de notes perso

Pour noter mes succès, mes victoires, mes trucs qui marchent.

Je m'achète un maillot deux pièces ! Fini le nageur une pièce noir qui vous fait ressembler à un cachalot...

Mon Caddie magique

Soyons optimistes, qu'est-ce que j'y mets ?

Théoriquement, en juillet, tous les fruits et légumes sont appétissants, à part peut-être les agrumes. Mais c'est à cette époque que les abricots, les cerises (riches en fibres avec un index glycémique bas) et les pastèques débordent des étals. Dévorez des salades de tomates chargées en lycopène, excellent pour la peau, des petits pois frais et des mange-tout, en soupes froides.

Ma boîte à outils : l'objet du mois

Je m'offre une mandoline de très bonne qualité, pour prendre plaisir à créer de belles salades colorées, croquantes et fraîches.

Mes trucs d'enfer pour garder une taille de guêpe

Toujours se dire qu'un nouveau départ est possible !

L'horoscope de la régimeuse

Cancer : la plage n'est pas encore abandonnée, coquillages et crustacés – sans beurre à l'ail… – sont faits pour vous.

Les secrets des minces

Elles se font plaisir sans jamais se rendre malades ou culpabiliser. Elles savent s'arrêter quand elles n'ont plus faim.

~ 30 ~

Le piège des vacances, *épisode 1*

COMME CHAQUE ANNÉE, DIRECTION VOTRE PLAGE PRÉFÉRÉE

Tout à la joie d'avoir pu perdre quelques bourrelets, vous vous dites que vous êtes sur la bonne voie, décidée à tenir le cap malgré les tentations que vous aurez lors de votre séjour. Le hic : impossible de prendre votre balance sous le bras. La voiture familiale est bourrée ou vous avez choisi un vol *low cost* et la limite maxi de votre valise est de 15 kg. Sachant que votre bagage à vide pèse au moins 5 kg, il ne vous reste qu'une dizaine de kilos pour y tasser vos affaires…

La solution pour une meilleure maîtrise : **LE SHORT EN TOILE SERRÉ, LE JEAN ET UN MÈTRE RUBAN DE COUTURIÈRE** (et vos mesures prises avant de partir) pour estimer à approximativement votre prise ou perte de poids.

Vous avez organisé vos vacances d'été au bord de la mer. La chaleur, le soleil, la plage, c'est ce que vous préférez.

Le seul moyen de résister, c'est de rester moralement tenace et décidé ! Des choix, des choix, et rien que des choix, avec beaucoup de compromis.

Pour ne pas grossir en vacances

- On privilégie les produits du marché.
- On passe à la poissonnerie ou chez le boucher pour préparer une plancha.
- L'avantage du restaurant : on peut choisir ce qu'on mange. On évite le « replay » spaghettis à la carbonara, on varie avec le poisson grillé et son fenouil.

Bref, on s'or-ga-nise !

Pour les enfants, c'est pelle et seau.
Pour vous, c'est mètre et short.

D'ailleurs, vous connaissez tout le monde sur les lieux de votre séjour : les commerçants, les artisans, la boulangère, la charcutière, le fromager, les seniors du village et, bien entendu, le propriétaire de la baraque à frites/saucisses ainsi que le glacier. Depuis des années, vous êtes une fidèle cliente pour la pause déjeuner, et comme vous n'aimez pas décevoir, vous appréhendez d'y retourner. Car, chaque été, vous revenez avec 2 à 3 kilos en plus. Ils sont si gentils et généreux ces commerçants : un supplément par-ci, un autre par-là… Attention, danger !

CARNET DE VACANCES

Maigrir pendant les vacances, finalement, ce n'est peut-être pas idiot, et ça pourrait même être LA solution ! Les vacances, ce sont des moments de calme, de zen, on est détendu, on a le temps... Alors si vous revenez toujours au même endroit, préparez un plan d'action anti-craquage : une femme ou un homme au régime averti en vaut deux...

1. Les coins à problèmes (camion frites-pizzas de Georgette, glacier)

....

....

....

2. Les zones sans risques (restaurant, marché de primeurs)

....

....

....

Ce GPS perso vous permettra d'éviter les zones à risques (envoyez quelqu'un d'autre chercher les pizzas) et de privilégier les zones « régime friendly » !

~ 31 ~

Le piège des vacances, *épisode 2*

Ah, les vacances ! Toujours une bonne occasion pour faire connaissance avec de nouveaux visages, retrouver sa famille, partager des moments entre amis… Malheureusement pour nous, ces situations tournent autour des repas. C'est évident : **ENTOURAGE RIME AVEC CONVIVIALITÉ**, et qui dit situation conviviale, dit nourriture. Vous avez décidé de gérer un peu mieux votre alimentation ? Pile-poil quand les réunions et sorties en famille ou entre amis se programment en série !

Il ne suffit pas de manger : il faut tenir sur la durée. Ne pas avoir faim et tenir 4 à 5 heures entre chaque repas, selon la durée de votre voyage.

LE PIÈGE DE L'AIRE D'AUTOROUTE

Que vous partiez en bus, en train, en avion ou en voiture, le premier arrêt sur une aire d'autoroute se transforme en ruée vers l'or. On ne

La station-service : on y fait le plein d'essence… c'est tout !

sait pas trop pourquoi ce besoin effréné de dépenser sans compter, de faire le plein de biscuits, de chips, de bonbons, de chocolat, de sodas, de sandwichs. La station-service la plus tristounette devient la caverne d'Ali Baba des aliments plaisir, le paradis sur terre, un minisupermarché de la tentation. Les paquets de chips sont si beaux, si lumineux, si brillants : ma-gni-fiques. La malheureuse pomme dans sa barquette n'a pas le même succès. Et pourtant, c'est plutôt elle que vous devriez admirer ! C'est elle qui vous permettrait de tenir le coup !

Savez-vous à quel moment des vacances commence le dérapage alimentaire ? Deux jours après être arrivé, une semaine, le premier week-end ? NON, NON, plus vite que vous ne le pensez... tout débute le jour du grand départ !

Vous l'avez compris : **TROP DE FRUSTRATION CRÉE UN MANQUE ABYSSAL.** D'où l'importance de s'octroyer des moments de plaisir pendant votre régime. On ne se coupe pas du monde, mais on fait des choix alimentaires, c'est plus sympa que de supprimer les petits plaisirs.

PIQUE-NIQUE MAISON

L'avantage, si vous partez en train ou en voiture, c'est qu'avec une petite organisation en amont, vous pouvez préparer vos salades, sandwichs, viande froide... Surtout pas de courses à la dernière minute dans la gare ou la station-service, non, non ! Pique-nique impératif avec uniquement du « fait maison ».

Règles d'or du pique-nique de voyage

Pas trop de gras, de sucre, pas d'alcool. Je favorise l'eau, les fruits, les crudités, les viandes maigres, les œufs, le pain de seigle ou complet, pour une bonne satiété.

~ 32 ~
Le piège des vacances, *épisode 3*

EN AVION

- Le jour qui précède votre départ en avion, faites – si vous le pouvez – du sport afin de transformer toute votre fatigue psychique et mentale en fatigue saine.
- La nuit qui précède votre voyage, rien de tel qu'un sommeil réparateur afin d'être assuré d'embarquer bien reposé.
- Buvez beaucoup d'eau 24 heures avant le vol afin d'éviter toute déshydratation.
- Passez déjà le cap du service à bord de l'avion. Dès que vous en aurez l'occasion, **DEMANDEZ À L'HÔTESSE UNE DOUBLE RATION DE THÉ OU D'EAU : C'EST L'UN DES SECRETS POUR ARRIVER EN FORME.**
- Ne risquez pas l'hypoglycémie. Vous avez besoin de tous vos moyens pour une gestion parfaite et continuer votre régime dans de bonnes conditions.

Refusez de grossir ou de saboter votre programme minceur devant un plateau de nourriture industrielle, cela n'en vaut pas la peine ! Si c'était devant le cassoulet maison de Céline, je ne dis pas, mais là, ***Non*** *!*

Thé ou eau : double ration conseillée !

DÉJEUNER EN VOL

Ni une ni deux, la tablette est abaissée et le plateau-repas est là, devant vous… Sous vos yeux, un moelleux au chocolat, un morceau de pain, le beurre, un blanc de poulet, des rondelles de pommes de terre, un fromage à tartiner, une vinaigrette, une coupelle avec des carottes et une lingette citronnée.
Le point positif ce sont les quantités. **PAS DE RISQUE DE TROP MANGER !**
J'échange mon moelleux avec les carottes râpées de mon mari. Je tartine le fromage dans le pain et j'y mets le blanc de poulet. Je mange la pomme de terre à part. Pour la lingette au citron, c'est vous qui voyez…

Comme c'est difficile de prendre une bouteille d'eau dans un avion, de nos jours, prévoyez d'en acheter en vol…

PETIT DÉJEUNER EN VOL

Vous trouverez certainement un yaourt, du fromage à tartiner, du beurre, un petit pain, parfois une omelette (bonjour le cholestérol !). Pour les féculents, vous aurez peut-être quelques pommes de terre.
Mettez le beurre de côté, ainsi que le yaourt s'il est aromatisé (gras et sucré), et – toujours la grande priorité – buvez, buvez, buvez…

Savez-vous que rien ne vous oblige à manger tout ce qui se trouve sur le plateau qui vous sera offert ? Donc on se détend, vous ne risquez pas de vous faire gronder par l'hôtesse. « Ah mais alors ma petite dame, il faut finir tout son plateau, hein ? Tss tss tss, c'est pas bien ! »

~ 33 ~
Scénario catastrophe

TROIS JOURS APRÈS LE RETOUR DE VACANCES...

Vous n'avez envie de rien. Sauf de manger ! Alors le cauchemar commence...

Dès le matin, vous sortez le beurre, les brioches du congélateur, le bon pain frais, le quatre-quarts des enfants, vous ouvrez un nouveau pot de confiture et la pâte à tartiner habituellement planquée au fond des placards trône déjà sur la table. Même le sucre est invité : il a remplacé la sucrette. **TOUTE CETTE MISE EN PLACE ANNONCE DÉJÀ LA JOURNÉE CRAQUAGE,** lâchage, flinguage, dérapage, mais sans aucun moyen de stopper le désastre.

Après le gros petit déjeuner, vous voilà momentanément apaisé, car c'est toujours de courte durée, et vous le savez !

Même l'estomac plein, vous continuez à manger... D'abord un morceau de pain avec du fromage, puis un deuxième (le premier était bien trop petit). Une nectarine, une orange et puis une banane, ça calera mieux. Les quelques biscuits du départ se transforment en paquet complètement dévoré.

Bilan de la journée :
218 592 325 740 calories.
En arrondissant… Allez, au dodo, demain est un autre jour : vous avez toute la nuit pour prendre de bonnes résolutions ! Et vous remettre en selle après une longue nuit de digestion : que diriez-vous d'un marathon dès demain matin ?

Une canette de soda pour faire passer le tout ou alors un petit coup de vin rouge ou rosé s'il fait chaud.

Une demi-heure après, vous vous apercevez que c'est bientôt l'heure de l'apéro : vous vous empressez de couper du saucisson, de sortir les chips et les cacahouètes pour attaquer la prochaine collation. « Chéri(e), je te sers l'apéritif ? » Étonnement sur le visage de votre partenaire de vie, mais il ou elle ne moufte pas, ce n'est pas le moment de vous contrarier, vous êtes en plein régime.

Ne rougissez pas, je me reconnais aussi dans ce comportement-là.

Vous sentez la motivation vous échapper peu à peu.

IMPOSSIBLE DE VOUS RESSAISIR.

Vous aggravez votre cas en enchaînant le déjeuner (frites au menu…). Surprise générale : vous qui monopolisez la parole depuis quelque temps pour moins manger, à midi, en présence de votre famille, vous êtes muette comme une carpe – normal, vous avez la bouche pleine en permanence ! Vous terminez par une bonne glace pour faire passer tout ça.

Et ce soir, allez ! Resto ! Un petit nouveau vient d'ouvrir à deux rues de chez vous, spécialités savoyardes. Une tartiflette au mois d'août ? Pas de problème. C'est parti.

Le craquage de temps en temps existe et heureusement, sinon la vie serait bien triste. En revanche, le but est de ne pas répéter l'opération trop souvent. Est-ce qu'au moins c'était bon tout ça ?

~ 34 ~
Décryptage *du craquage*

« J'SUIS UNE MALADE ! »

NON, vous n'êtes pas malade.
Mais j'ai ma petite idée ! Je suis certaine que vous êtes monté sur votre balance ce matin et que vous n'avez pas perdu 1 gramme, pire, vous avez grossi depuis la dernière pesée ? N'ai-je pas raison ? Si ce n'est pas le cas, alors c'est que votre régime est trop difficile, trop frustrant, trop basé sur la privation… Du coup, trop pas envie de continuer. Ce qui est normal : à première vue, qui voudrait suivre un programme alimentaire draconien ? Personne, même pas vous. Logique.

IL FAUT ALLER DE L'AVANT

Bon, je vous arrête tout de suite : ce n'est pas grave ! On fait avec. De toute façon, ce qui est fait est fait : à moins que vous ayez sous la main une machine à remonter le temps, on ne peut ne pas changer grand-chose. Ressasser ? Cela ne sert à rien ! On va de l'avant, on ferme une porte et on en ouvre une autre. **DEMAIN EST UN AUTRE JOUR.**

La seule chose que j'espère, c'est que ça valait le coup et que vous vous êtes vraiment fait plaisir. Ce serait dommage d'avoir vécu ce moment de craquage avec de mauvais choix alimentaires (genre le plateau de nourriture industrielle proposé dans l'avion !). Autant que ce soit réellement bon.

Pas besoin de médicaments pour ne plus craquer : un peu de motivation suffit !

Le saviez-vous ?

En une seule journée de craquage, on peut consommer les calories de 4 jours d'alimentation raisonnable. Cette journée sera donc qualifiée de folie passagère. Et comme on dit, la folie, c'est un peu le sel de la vie.

L'IMPORTANT MAINTENANT, C'EST DE SE REMETTRE EN SELLE

OFFREZ-VOUS UNE AUTRE CHANCE, en cadeau, rien qu'une journée. On recommence une seule journée : chacun de vos efforts doit être ciblé sur cette seule et unique journée de lendemain du craquage. Vous en êtes capable, vous pouvez le faire, vous devez le faire. Ce n'est pas un bout de pain, un morceau de saucisson ou du chocolat qui décideront pour vous.

Ce n'est sûrement pas la première fois que ça vous arrive, et ce ne sera pas la dernière. Donc on relativise.

Maintenant que vous avez fait le plein et que le mal est fait, il faut dépenser cette énergie si rapidement avalée. Alors demain, c'est bouger, bouger, boire beaucoup d'eau, chaude ou froide, et rester positif dans la tête !

Allez, hop ! En selle !

AOÛT

Manger sur le pouce ou dans une rue crée un stress au sein de l'organisme et déclenche les mécanismes de stockage de graisse. Prenez donc le temps de vous consacrer pleinement à votre pause repas. De toute façon, ce mois-ci, vous n'êtes pas surbookée. Vous avez le temps de faire vos courses, de passer au marché faire le plein de frais et de vitamines.

Minute motivation : quand j'ai une angoisse qui pourrait me pousser à manger sans faim, je me pose toujours la question : « Qu'est-ce qui serait encore pire pour toi que ce que tu ressens ? »

Notons...

Mon poids du mois

Mon tour de poitrine

Mon tour de taille

Mon tour de hanches

Mon tour de cuisses

Mon tour de mollets

Mon tour de bras

Bilan à la fin du mois : combien de kilos perdus ?

Marge bénéficiaire du mois #8 :

Vous avez souffert ? Beaucoup ?
Notez cette épreuve sur une échelle de 1 à 20.

Vous êtes heureuse d'avoir perdu un peu de poids ?
Notez votre satisfaction sur une échelle de 1 à 20.

Puis calculez la moyenne, notez le résultat :

L'objectif : Bon. Là, on devrait quand même arriver à un petit 15, au moins, non ? Plus ? C'est magnifique !

Carnet de notes perso

Pour noter mes succès, mes victoires, mes trucs qui marchent.

Marrant ça ! Cette petite robe que je n'aurais jamais envisagé de mettre il y a 6 mois, là, je rentre dans la boutique pour l'essayer. Et si elle me plaît, je repars avec !

Mon Caddie magique

Soyons optimistes, qu'est-ce que j'y mets ?

L'été, on se lâche sur les fruits – c'est maintenant ou jamais. Pêches, fruits rouges, melons, pastèques, des jus de fruits frais et des salades à profusion !... Les haricots verts sont encore bien présents sur les étals, à la vapeur, en salade avec un peu d'ail, ce sont des fibres et du goût à peu de frais caloriques.

Ma boîte à outils : l'objet du mois

Un élastique pour me muscler les bras et éviter l'effet chauve-souris sous les biceps.

Mes trucs d'enfer pour garder une taille de guêpe

En vacances, dans la piscine, ou dans la mer, je bouge, je bouge. Une partie de beach-volley ? OK, je prends ! 20 minutes à vélo jusqu'au marché ? Je prends aussi !

L'horoscope de la régimeuse

Les poissons auront raison sur toute la ligne, surtout si vous êtes Lion, Balance, Vierge, Verseau, Cancer, Bélier, Taureau, Gémeaux, Capricorne, Sagittaire ou Scorpion !

Les secrets des minces

Elles ne mangent pas dans l'urgence, sur le pouce, à la va-vite. Faites-en une priorité dans votre agenda.

~ 35 ~
Tous fous *du chocolat !*

TOUT CE QUE VOUS AVEZ TOUJOURS VOULU SAVOIR SUR LE CHOCOLAT...

COMME LES ÉPICES, plus une fève de cacao est concassée finement, plus elle dégage ses arômes. La graine contient du beurre de cacao et chaque terroir produit un chocolat spécifique.

AVANT TOUTE CHOSE la fève est torréfiée, refroidie et écrasée pour donner une pâte de chocolat.

LES PLANS DE TRAVAIL des chocolatiers sont en marbre, car il refroidit rapidement le chocolat lorsque celui-ci est étalé dessus.

LE CHOCOLAT SE MARIE très bien avec l'eau. Et il se marie très bien avec le vin rouge.

LE CHOCOLAT PRÉVIENT le mauvais cholestérol et abaisse la tension. En quantité raisonnable, le chocolat permet de redonner de l'énergie dans un moment de fatigue tout en luttant contre les maladies cardio-vasculaires.

***COSMOS ATROSANGUINEUS*:** c'est le nom de la fleur d'un brun pourpré sombre, presque noir, qui embaume le chocolat sans en contenir le moindre gramme, le cosmos chocolat !

C'EST D'ABORD SOUS LA FORME de boisson amère lors de rituels religieux que débute l'histoire du chocolat, au Mexique, sous la dynastie des Olmèques, entre 1200 et 500 av. J.-C. La légende voudrait que le dieu aztèque Quetzalcóatl ait offert le *xocolatl* à son peuple.

EN FRANCE, ON CONSOMME 6,4 kg de chocolat par habitant et par an ! Soit 4 millions de tablettes de chocolat avalées par jour, et 12 kg toutes les secondes !...

Tant qu'à manger du chocolat, apprenons à le savourer ! Utilisons nos 5 sens pour sentir son parfum, ressentir sa texture...
Et goûtons-le en le laissant fondre doucement...

CHOCOLAT CLASSIQUE CONTRE CHOCOLAT ÉQUITABLE

Dans le chocolat classique, les fabricants ne sont pas tenus de mentionner la présence :

- de matière grasse autre que le beurre de cacao si celle-ci n'atteint pas 1 % du total des ingrédients ;
- de lécithine de soja (contant des OGM), pour lier les ingrédients à la masse grasse ;
- de vanille de synthèse (vanilline), un adjuvant aromatique.

En matière d'éthique et de respect de l'environnement, des enfants sont souvent exploités pour cultiver et récolter le cacao, notamment en Côte d'Ivoire.
Le chocolat équitable, comment dire... Eh bien c'est exactement tout le contraire. À vous de voir, en termes gustatifs, ce que vous préférez...

On dit que 9 personnes sur 10 aiment le chocolat et que la dixième est menteuse !!! (Moi je ne suis pas une menteuse, c'est clair !)

~36~

Vous êtes accro *au chocolat ?*

OK, être accro au chocolat cela a parfois des conséquences au niveau poids, mais moralement sa consommation est parfois indispensable pour garder l'équilibre !

SOLUTION POUR LIMITER LA CONSOMMATION

- Je décide d'en manger une fois sur deux : sur un an je n'en aurai consommé que pendant 6 mois.
- Je change de créneau horaire : le matin au petit déj on en mange moins.
- Je fractionne et je ne prends qu'un ou deux petits carrés.
- Je me prépare un chocolat chaud afin de ne pas succomber à une tablette (entière…).
- J'en mange après un repas, pas en dehors.
- Je l'achète en portion individuelle ou en boulangerie (une barre).
- J'opte pour 3 chocolats chez un chocolatier. Pas le ballotin.

Mon conseil

Je favorise la qualité plutôt que la quantité. Quand on mange bon, on mange moins. Goûtez au chocolat noir 70 ou 80 %.

Pas si diabolique !...

Le chocolat est bourré d'antioxydants, les flavonoïdes, soit deux à trois fois plus que dans du thé vert. Son magnésium combat la fatigue, l'anxiété et le stress : exactement tout ce qui peut accompagner une perte de poids ! Pour 100 g de chocolat noir à 70 % de cacao, on a 15 g de fibres, soit plus que certains légumes comme la courgette ou le concombre ! Le chocolat contient aussi des polyphénols qui permettent de renforcer la muqueuse intestinale, l'un des remparts de notre système immunitaire.

Dans 100 g de courgette, il y a seulement 1 g de fibres... (pour 15 g dans 100 g de chocolat).

- J'accompagne mon carré de chocolat fondu d'un fruit.
- Je fractionne une tablette de 100 g pour la semaine.
- Je mets les morceaux dans une boîte opaque.
- Je me pose la question : « Est-ce que mon envie de chocolat est plus forte que mon envie de maigrir ? Pourvu que non ! »
- Planquez votre tablette dans un nouvel emballage (boîte de riz).
- Achetez-le sous forme de pépites, de billes, de copeaux...
- Dernier super-conseil : on mange 1 carré et on laisse le reste. Et pas le contraire...

ON ÉVITE...

- D'en acheter des tonnes en prévention des moments de crise. Moins j'en ai, moins j'en mange.
- Le chocolat light (plus gras), sauf si vous avez du diabète.

~ 37 ~
On se bouge !!!

Trois mois de persévérance et le résultat est là, vous n'êtes pas encore arrivé à vos fins, mais **VOUS ÊTES SUR LE BON CHEMIN.** Vous avez bien maigri, mais vous vous sentez comme « plus gros »… Bizarre comme sensation. Des formes apparaissent que vous n'aviez pas. Des creux, des bosses… Bref le corps dont vous rêvez n'est pas encore là. Soyez patient, Rome ne s'est pas fait en un jour. En revanche, dites-vous une chose importante : à chaque fois que vous prenez un repas plein d'énergie, c'est du carburant que vous donnez à votre organisme ! Eh bien ce carburant n'est pas fait pour laisser votre corps sur le canapé. Je n'ai qu'une chose à vous dire : **BOUGEZ, MARCHEZ, SAUTEZ** (si vous le pouvez), gigotez… Le sport ne vous fera pas maigrir, mais il utilisera un peu plus le carburant que vous lui donnez sous forme d'aliments !

Offrez-vous **UN ÉLASTIQUE** pour faire quelques mouvements dès que possible. Tonifiez votre corps et fabriquez-vous du muscle grignoteur de calories. Je vous conseille celui de 2 mètres force XX, très résistant. Léger dans la valise, c'est un outil complet pour muscler son corps.

Pourquoi boire de l'eau tous les 2 à 3 heures ? Parce que chaque réaction chimique qui se produit dans l'organisme, de l'extraction des nutriments essentiels de la nourriture à la combustion des graisses, a besoin d'eau pour se réaliser.

REBOOSTER LA MOTIVATION

Chaque semaine est un nouveau défi. Une fois la semaine accomplie, vous fermez la porte pour en ouvrir une nouvelle.
La semaine dernière fut catastrophique ? Pas grave, on avance !

Les nouveaux produits
qui vont vite devenir vos chouchous

- **du lait d'amande** surprenant et léger
- **du gomasio** pour protéger mes artères et moins saler mes plats
- **graine de chanvre bio :** ne négligeons pas les acides gras essentiels
- **des légumes secs** pour tenir sur la journée sans avoir faim
- **œufs de caille** de bonnes protéines taille XS
- **du konjac :** des fibres dans mon assiette, du volume sans trop de calories

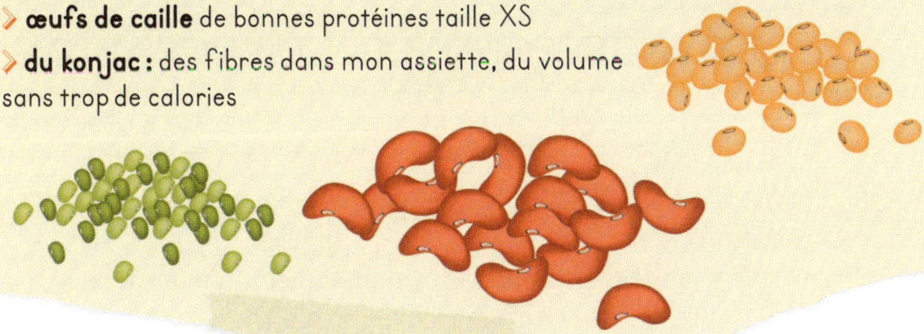

Ressasser ne sert à rien : on ne peut rien n'y faire. Comme vous n'êtes pas propriétaire d'une machine à remonter le temps, regardez devant vous !

RAYEZ LA (OU LES) MENTION(S) INUTILE(S)

LE SPORT :

1. c'est que pour les accros
2. pour faire des rencontres
3. pour me déstresser
4. pour développer ma masse musculaire
5. pour paraître plus fine
6. c'est que de la douleur
7. inutile
8. pour les autres
9. du plaisir
10. du bien-être
11. pour réguler l'appétit

~ 38 ~

Les conseils d'Anna *pour se mettre au sport… et continuer*

LES ACCESSOIRES INDISPENSABLES

- Un agenda : je planifie mon activité, sinon je reporte au lendemain.
- Un sac toujours prêt : organisez-vous !
- Une bouteille d'eau à portée de main : hydratons notre corps pendant l'effort.
- Quelques petits accessoires bien pratiques : manche à balai, haltères, tapis, élastiques de musculation, ballon…

LES PRÉALABLES À VOTRE RÉUSSITE :

- Bien choisir son activité : elle doit VOUS plaire.
- Fréquenter des personnes sportives : rassurez-vous, au début, je n'en connaissais pas…
- Veiller aux problèmes de dos : on évite un cours de contorsionniste
- Commencer en douceur : cessez de vouloir battre des records.
- La marche dynamique fera très bien l'affaire : on ne vous demande pas de vous inscrire en compétition !
- Varier les activités : ne vous lassez pas, il va falloir tenir.
- S'inscrire à des cours en ligne, en salle, en mairie, chez un kinésithérapeute, auprès d'associations…

On évite…

> De s'inscrire quand on n'est pas prête.
> De choisir une salle à l'autre bout de la terre.
> D'y aller affamée.
> Le sport qui sollicite la zone de vos douleurs.

J'opte pour du ________________ pendant ___________ à raison

de séances par semaine.

Vous l'aurez bien compris : bougez votre corps, décrassez-moi la tuyauterie interne et réveillez chaque recoin de votre organisme !

En dehors du sport, comment brûler plus de carburant ?

- Un peu de piment rouge dans votre alimentation ? La capsaïcine, un composé chimique de la famille des alcaloïdes qui élève la température de notre corps et permet donc de brûler plus de calories.
- Plus de fibres dans l'assiette : du coup, le corps dépense de l'énergie pendant la digestion.
- Trois repas plus une collation si besoin, plutôt qu'un seul repas.
- Certains nutriments génèrent une dépense énergétique plus importante que d'autres. Ce sont les protéines, les glucides et les fibres.
- Boire du thé vert stimule l'organisme : votre cœur bat un peu plus vite, ce qui accélère le métabolisme de base et consomme de l'énergie.
- Prendre une bonne douche froide fait aussi dépenser des calories. Frileuse ? Dommage...
- Boire de l'eau froide, cela accélère le métabolisme.

Vos trucs à vous :

....

....

....

....

....

....

....

....

....

....

~ 39 ~
Ras la cafetière !

VOUS N'EN POUVEZ PLUS ? Rien ne va aujourd'hui ? Vous avez des problèmes ? La solution n'est pas dans le frigo.

VOUS AVEZ DES DETTES. Vous imaginez-vous vraiment qu'en ouvrant le frigo ou vos placards, vous allez trouver une liasse de gros billets cachée sous le fromage ? Non, du coup vous ne réglerez rien avec le contenu du réfrigérateur.

J'ai fait un régime. J'ai dû en suivre deux à la fois, parce qu'un seul ne m'aurait pas assez nourri.
(Barry Marter)

VOUS AVEZ UNE ANGOISSE ? Vous ne trouverez malheureusement pas une oreille attentive pour vous réconforter dans vos placards. Mais un petit moment de calme, allongée, au son d'une musique de méditation vous sera certainement plus bénéfique.

VOUS ÊTES EN COLÈRE ? Il n'y a pas de punching-ball dans la cuisine pour évacuer sa colère. Si, en récurant l'évier et en faisant les vitres, à la limite…

LA CUISINE NE SERA PLUS LE REFUGE DE VOS ÉTATS D'ÂME !

En revanche, cuisiner plus léger, moins riche doit être la solution du bonheur, du plaisir, de la convivialité, du partage et surtout vous permettre de vous réconcilier avec la nourriture.
Je vous assure, laisser tomber ne vous rendra pas plus heureuse que de vous dire : « Allez. Je m'accroche encore un jour ou deux… »
La priorité de la journée pour vous projeter de nouveau dans les prochains jours est de RESTRUCTURER tout ça !

Pas de punching-ball ? Faites un grand ménage de printemps, ça défoule !

Consommez les catégories alimentaires suivantes dans la journée :

- Légumes
- Fruits
- Protéines
- Féculents
- MG végétale
- Laitages nature

Six catégories à répartir sur votre journée, c'est pas la mer à boire, quand même ?

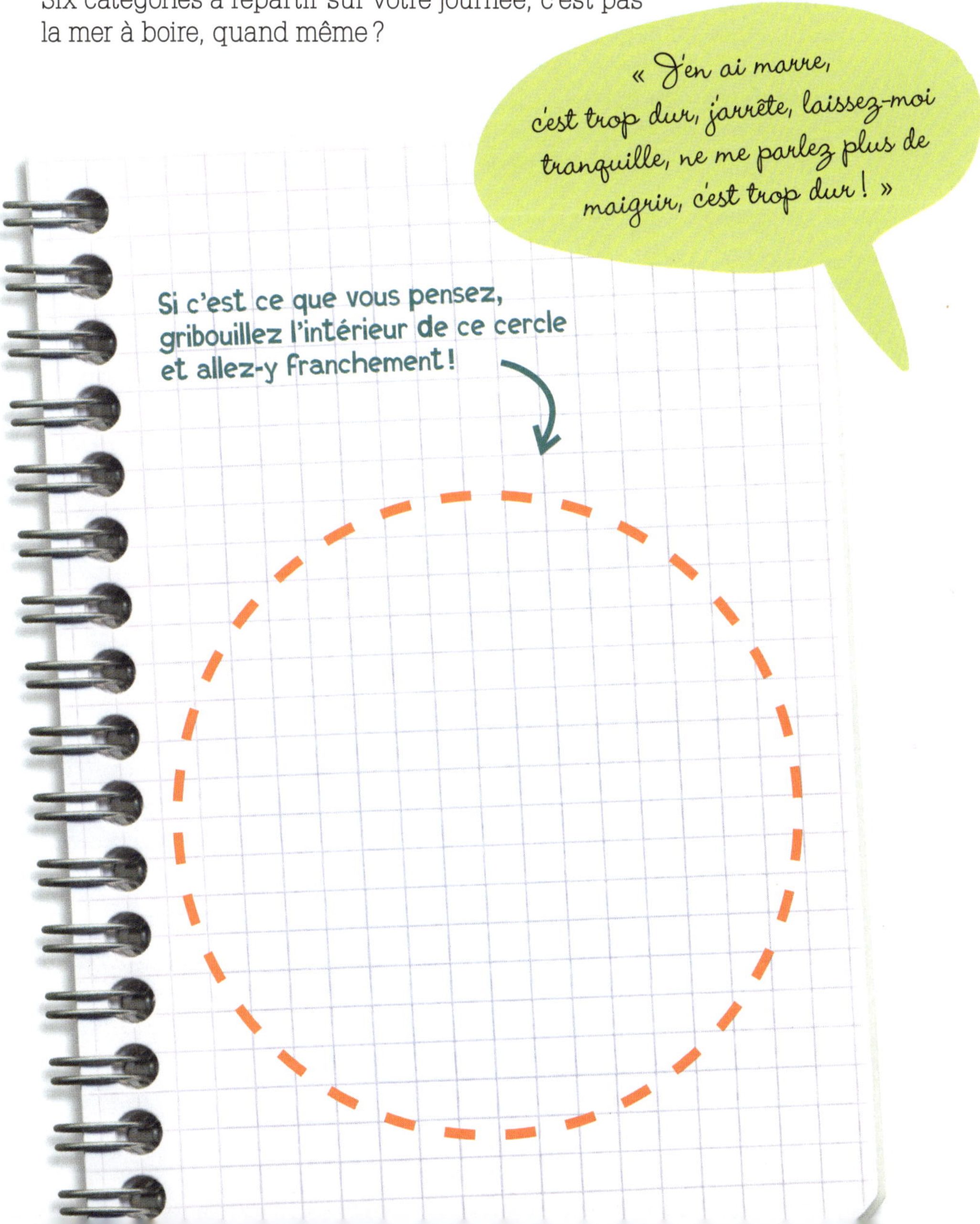

SEPTEMBRE

C'est la rentrée, chouette ! J'ai mon cahier antikilos. L'automne pointe le bout de son nez, c'est une saison où l'on aime se préparer à l'hiver prochain. On capitalise sur l'énergie accumulée lors des belles journées estivales et on constate les effets bénéfiques de notre hygiène de vie sur notre peau, nos cheveux et, bien sûr, notre tour de taille. Ce n'est pas le moment de laisser flotter les mètres rubans ! On garde le cap !

« Ces chips ne me font pas très envie. » Très bien. Alors ne vous jetez pas dessus comme si votre vie en dépendait. La razzia sur le bol de chips qui ne fait pas envie, ça... c'était avant.

Notons...

Mon poids du mois		Mon tour de cuisses	
Mon tour de poitrine		Mon tour de mollets	
Mon tour de taille		Mon tour de bras	
Mon tour de hanches		**Bilan à la fin du mois : combien de kilos perdus ?**	

Marge bénéficiaire du mois #9 :

Vous avez souffert ? Beaucoup ?
Notez cette épreuve sur une échelle de 1 à 20.

Vous êtes heureuse d'avoir perdu un peu de poids ?
Notez votre satisfaction sur une échelle de 1 à 20.

Puis calculez la moyenne,
notez le résultat :

L'objectif : 16. Minimum ! Et ce n'est pas terminé !

Carnet de notes perso

Pour noter mes succès, mes victoires, mes trucs qui marchent.

Les bonnes résolutions de la rentrée : je me bouge ! Moins de métro, je descends une ou deux stations avant mon arrivée, puis je marche, je me balade... Eh oui, pour ça, je me lève 15 minutes plus tôt !

Mon Caddie magique

Soyons optimistes, qu'est-ce que j'y mets ?

Les étals des maraîchers regorgent de légumes bien intéressants : concombres, maïs, navets, poivrons, pâtissons… Les premières poires et les figues, les reines-claudes. Des fruits de saison qui ne durent pas. Alors on en profite, on en profite ! Elle est belle, elle est belle ma reine-claude !

Ma boîte à outils : l'objet du mois

Direction une boutique bio ou la pharmacie : je m'offre des compléments alimentaires pour prolonger mon bronzage, avoir des cheveux de déesse et un teint de pêche.

Mes trucs d'enfer pour garder une taille de guêpe

Je range dans des boîtes opaques les choses que je ne veux pas trop voir : les gâteaux secs, chips, gâteaux apéros. Ce que les yeux ignorent, le cœur n'en souffre pas. Et l'estomac non plus !

L'horoscope de la régimeuse

Vierge de toute idée négative, vous sautez sur votre balance en toute confiance !

Les secrets des minces

Si le bol de chips ne les tente pas (ça existe, certaines personnes ne sont PAS attirées par les chips…), elles ne se forcent surtout pas !

~ 40 ~

Je mange la nuit *pour faire fonctionner la lumière du frigo*

1 heure du matin, c'est l'heure à laquelle vous vous couchez. C'est comme ça. Impossible de fermer l'œil avant. C'est votre rythme et cela vous convient.

L'APPEL DU RÉFRIGÉRATEUR

Le problème, c'est que 2 ou 3 heures après, naturellement, vous vous réveillez, et que la seule façon de vous rendormir pour éviter de tourner en rond, c'est de **PRENDRE UN PETIT QUELQUE CHOSE** dans le frigo. Qu'est-ce qu'il est beau ce frigo plein de nourriture éclairé de mille feux !
Insomnie ? Trop chaud ? Pas d'air ? Ménopause ? Aucune idée : votre cerveau est programmé pour se lever la nuit et manger (enfin, pour vous faire lever et manger, il ne le fait pas tout seul, tout de même !).

On évite...

- De ne plus manger la journée si on mange la nuit (ça va être pire).
- De se culpabiliser : faites-vous aider et expliquez votre situation à votre entourage.
- De prévoir trop de nourriture dans sa maison : organisez vos courses, avec des aliments sains.
- De faire la guerre à son corps (je me répète, mais c'est important).

Pourquoi est-ce que je mange la nuit ?

- Je n'ai pas mangé assez la veille.
- J'ai faim.
- J'ai des envies.
- C'est la seule chose qui me calme pour me rendormir.

Parlez-en ! Il vous faut trouver le pourquoi. Faites-vous aider pour casser le rituel.

Des biscuits, du fromage, un verre de lait, les restes du repas, la fin du gâteau… vous n'avez pas de préférence, tout est bon à vos yeux – malgré une attirance pour le sucré.

ON SE PREND EN MAIN

Si vous avez assez mangé la veille et que vous ne parvenez pas à vous contrôler, je pense qu'il faut que vous consultiez un spécialiste du comportement alimentaire.

La seule chose qui rassure, c'est que lorsque vous êtes invité à dormir chez les autres (amis, hôtel, chambre d'hôtes…), votre comportement change. Alors une solution existe, et un professionnel santé saura vous aider.

Tout mettre sous clé n'est pas la solution.

Il est possible d'atténuer le problème…

- En évitant les régimes draconiens.
- En mangeant des aliments plus riches en fibres.
- En dédramatisant la situation.
- En préparant à l'avance votre repas nocturne à base de fruits secs ou frais, d'un clafoutis léger… avec une boisson chaude comme une tisane calmante.

~ 41 ~

Les lauriers *de la gloire*

Quand on vous demandera : « Comment faites-vous ? », la seule réponse qui vous viendra devra être : « Je le fais correctement, à la lettre de chez à la lettre, et au jus de cerveau. » Vous sentez l'admiration qui règne autour vous ? À vous seule, vous inspirez le respect. On vous questionne, on s'interroge ? Mais qui est donc cette **HÉROÏNE** qui force le respect par tant de force d'âme ? C'est **VOUS!**

En attendant, il ne faut pas baisser la garde et il faut anticiper : Wonder Woman prévoit les moments difficiles où elle peut craquer : « Je fais un peu de **SHOPPING** pour mettre en valeur mes nouvelles formes » : visualiser votre silhouette en mieux, ça c'est encourageant !

Tel un sportif, j'entretiens ma **MOTIVATION** : « Je peux le faire, je vais le faire, je sais le faire ! » Et surtout j'y crois, j'ai confiance en moi.

J'ai mis en place de nouvelles habitudes, et je m'y tiens !

CE QU'IL NE FAUT JAMAIS DIRE

- Les paroles négatives comme : « Je suis trop nulle, je n'ai pas de volonté. » Mais SI vous en avez de la volonté. La preuve, vous avez acheté ce cahier !

- « On verra demain. » Pourquoi attendre ?
- « Je veux maigrir pour toi, chéri. » Stop ! On maigrit pour soi. Les autres en profiteront, mais c'est d'abord pour soi.
- « Je fais le premier régime qui me tombe sous la main. » Choisir son mode d'amaigrissement est une priorité. Il doit rentrer dans votre vie avec douceur. On ne fait pas n'importe quoi
- « Pour l'instant je fais une pause. » Ah, OK… Pas trop longtemps quand même…

Je maigris, je souris, je suis plus jolie !

À chaque fois qu'on vous prendra en photo, au lieu de crier « Cheese » ou « Ouistiti », criez « J'ai maigriiii » en forçant sur les zygomatiques ! De toute façon, on est toujours plus jolie quand on sourit et on ne pèse pas plus lourd…

La photo de moi la plus récente, celle que je préfère !

~ 42 ~

Pourquoi mon poids *ne baisse pas aussi vite que je le souhaite ?*

Cette semaine, c'est une petite semaine. Pourquoi me direz-vous ? Parce que votre perte de poids est si petite que cela vous plombe le moral. Tant d'efforts pour un résultat si minime !

Et pourtant, cette petite perte de poids cumulée avec de plus importantes fera de vous, dans quelques mois, une personne plus mince qu'au démarrage. D'autant plus que perdre du poids, c'est une chose, mais le plus difficile est de ne pas le reprendre.

Maintenir votre poids sur le long terme sera un de vos défis. Et une de vos plus grandes réussites dans le domaine de la minceur.

Voici un petit questionnaire pour refaire le point :

1. Quel âge avez-vous ?
2. Êtes-vous un homme ou une femme ?
3. Quel est votre poids de départ ?
4. Êtes-vous actif ou sportif ?
5. Êtes-vous sédentaire ?
6. Avez-vous des enfants ?
7. Êtes-vous souvent en déplacement pour votre travail ?
8. Déjeunez-vous dans une cantine d'entreprise ?
9. Y a-t-il des personnes en surpoids dans votre famille ?
10. Combien de régimes avez-vous déjà faits ?

ÉLÉMENTS DE RÉPONSE

1. Plus le temps passe, moins les pertes de poids sont spectaculaires. Notre corps fait de la résistance.
2. Ce n'est pas une course de vitesse pour savoir qui perdra le plus vite et qui battra des records de perte de poids, mais il faut savoir que nous ne sommes pas tous égaux dans le domaine de la perte de poids. Les femmes maigrissent moins vite que les hommes. Autre injustice, une femme avec 10 kg de trop est « grosse » alors qu'un homme enveloppé peut être qualifié de fort, rassurant.
3. Prenez en compte votre poids de départ. Votre résultat de semaine en semaine ne sera pas le même en fonction du nombre de kilos que vous avez à perdre. Faites une moyenne, cela permet de relativiser.
4. Être actif, bouger, marcher, se dépenser est déjà un élément important dans votre démarche de perte de poids.
5. Sédentaires, il va falloir se bouger… Votre mode de vie influence aussi votre façon de suivre votre régime : on perd « mieux » si on s'active, même si le sport seul ne fait pas maigrir
6. Si vous êtes en famille avec des enfants, cela va être un peu plus difficile de vous mettre en mode régime que pour une personne seule.
7. Difficile de manger équilibré quand on va beaucoup au restaurant : il va falloir ruser !
8. Si oui, vous avez de la chance, ça va être plus facile de faire les bons choix !
9. Si c'est oui, cela va être un peu plus difficile, la génétique, ça joue quand même beaucoup, mais il n'y a rien d'impossible !…
10. Si vous en avez déjà fait plusieurs, votre corps résiste et maigrit moins vite.

C'est quoi, Anna, une semaine décevante ? C'est quand on perd moins de 200 g ou 300 g. Laissez donc votre corps reprendre le rythme. Il faut bien qu'il réagisse à sa façon. Et puis c'est super, 300 g !

~ 43 ~

À table : tous les trucs *qui m'ont aidée à changer de comportement*

- Faire un lit de légumes dans chaque assiette et y déposer les féculents et la protéine.
- Remplir de petites assiettes.
- Commencer le repas par une soupe de légumes.
- Commencer le repas par une entrée de crudités.
- Boire un jus de tomate (ou un verre d'eau, gazeuse ou non) avant de manger.
- Servir dans des petits bols chinois ou des tasses. La portion idéale, c'est celle du restaurant.
- Consommer des aliments qui croquent et qui craquent, car plus riches en fibres.
- Respecter les portions industrielles : si une préparation est pour quatre, on ne la mange pas à deux. En mangeant moins au fil des semaines, vous réduirez naturellement la taille de votre estomac.
- Reprendre des légumes si on a encore faim.
- Mâcher les aliments trèèèès longtemps.
- Manger plus lentement : ne soyez pas la première à finir, vous ne faites pas la course et personne ne va vous voler votre part de bœuf bourguignon !
- Manger des plats bien chauds et non à température ambiante.
- Épicer les plats.
- Éviter les vêtements larges et élastique.
- Visualiser les déchets (os de poulet, peau, gras, coques, carapace…), cela permet de se rendre compte de ce que l'on a déjà consommé.
- Mettre des aliments colorés dans l'assiette.

- Couper la viande en petits morceaux.
- Respecter un rythme : entrée, plat, dessert.
- Entre chaque plat, attendre, s'occuper, parler, faire une pause.
- Mettre sa cafetière en route : l'odeur du café envoie un signal au cerveau qui annonce la fin du repas.
- Après trois bouchées, un demi-verre d'eau.
- Visualiser l'objectif : photo de la silhouette souhaitée, du vêtement votre future garde-robe de mince, bilan sanguin…
- Manger dans la salle à manger plutôt que dans la cuisine = plus d'allers-retours en faisant le service.
- Accompagner ses repas d'un thé chaud.
- Éviter trop d'aliments mous, mixés, en purée.
- Anticiper en préparant de moins grosses quantités : quand il n'y en a plus, on s'arrête.
- Ne pas se limiter à seul repas par jour : obligez-vous à respecter trois repas plus une éventuelle collation plutôt que de grignoter.
- Fuir les repas devant la télé : soyez à ce que vous faites.
- Se brosser les dents pour éviter d'avaler un petit bout de fromage une fois le repas terminé.

Votre truc à vous

Je suis bien sûre qu'en réfléchissant un peu, vous allez trouver un ou plusieurs truc(s) qui seront votre touche personnelle.

Notez-le (les) ici…

~44~

Faites le bilan, à l'instant T, *de votre réussite*

Il n'y a pas que la balance qui soit un indicateur de résultat quand on fait un régime… Cochez les propositions qui vous correspondent pour évaluer vos progrès.

Je me sens bien. Que c'est bon !	**A**
Je ferme enfin mon pantalon.	**C**
Je me sens légère et plus active. Je vole.	**B**
Je marche plus vite, je suis moins essoufflée.	**B**
Je m'habille plus facilement.	**C**
J'accepte de moins en moins qu'on me dise quoi faire.	**A**
J'ai l'impression de vivre une seconde jeunesse.	**A**
Mon bilan sanguin est top, je n'ai plus mal aux genoux.	**B**
Je prends plus soin de moi. Il était temps !	**A**
J'ai retrouvé le sommeil. Je dors comme un bébé.	**B**
J'ose faire des choses nouvelles. Même si je suis toujours un peu réservée, je me soigne !	**A**
Je deviens frileuse ! J'investis dans des sous-vêtements chauds ou je fais du sport.	**C**
Le regard des autres a changé, je sens des sourires admiratifs, on me félicite.	**B**

Bravo ! Quelle forme ! C'est gagné !
Tu reviens de vacances ?

On me pose des questions.	A
Je suis passée à une taille de vêtement plus petite (1, 2, 3 tailles en moins).	C
Sur les photos, je ne me place plus derrière tout le monde.	A
Je me sens plus jeune !	B
Je croise enfin les jambes.	C
J'aime ma balance.	A
Je ferme mes bottes.	B
Fini les vêtements noirs en XXL.	B
Je respire mieux.	C
C'est possible finalement, j'ai pu le faire et ma confiance en moi est reboostée.	A
J'ai une jolie peau.	B

Au moins 2 A : la confiance revient petit à petit, c'est bien : ne lâchez rien. Chaque fois que vous avez le sourire, les grammes s'envolent plus vite !
Plus de 4 A : quelle pêche d'enfer ! Un vrai moral de winneuse ! C'est quoi votre secret ?
Au moins 2 B : vous commencez à sentir les bénéfices de votre perte de poids, ça valait le coup de vous accrocher.
Plus de 4 B : vous avez vraiment perdu du poids, vous vous sentez belle, d'ailleurs, on vous le dit. Et si vous vous mettiez au sport pour tourner définitivement le dos aux kilos ?
Au moins 2 C : ce n'est pas facile, mais vous n'avez rien lâché ! Dans quelques semaines, promis, c'est en courant que vous monterez vos escaliers.
Plus de 4 C : vous avez maigri et votre corps vous le dit : votre santé s'améliore. Partagez votre expérience avec d'autres régimeuses/régimeurs pour les aider à réussir, mais aussi pour confronter vos stratégies et astuces !

OCTOBRE

Passer sa vie au régime… n'est pas une vie ! Doutes, découragement, remises en question sont le lot quotidien des personnes toujours dans le contrôle. En vous donnant le droit de ne pas être parfaite en permanence (car, c'est bien connu, la perfection n'est pas de ce monde…), vous gagnerez certainement davantage en sérénité qu'en taille de pantalon, certes, mais sachez toujours où placer le curseur, entre la tyrannie et la vie telle qu'elle va, avec ses hauts et ses bas !…

J'ai enfin compris l'importance de la qualité sur la quantité. Et puis payer deux fois plus cher un bon produit, c'est vrai que ça incite à le faire durer un peu !

Notons…

Mon poids du mois ☐

Mon tour de cuisses ☐

Mon tour de poitrine ☐

Mon tour de mollets ☐

Mon tour de taille ☐

Mon tour de bras ☐

Mon tour de hanches ☐

Bilan à la fin du mois : combien de kilos perdus ? ☐

Marge bénéficiaire du mois #10 :

Vous avez souffert ? Beaucoup ?
Notez cette épreuve sur une échelle de 1 à 20. ☐

Vous êtes heureuse d'avoir perdu un peu de poids ?
Notez votre satisfaction sur une échelle de 1 à 20. ☐

Puis calculez la moyenne, notez le résultat : ☐

L'objectif : les bonnes habitudes sont prises, maintenant. Vous devriez obtenir pas loin de 18 !

Carnet de notes perso

Pour noter mes succès, mes victoires, mes trucs qui marchent.

J'ai arrêté de considérer la nourriture comme une gratification immédiate. Mieux, j'ai changé de gratification : apprendre à aimer ce qui est bon pour soi – si c'est bon pour moi, je ne peux qu'aimer !

Mon Caddie magique

Soyons optimistes, qu'est-ce que j'y mets ?

Les potirons, citrouilles, potimarrons et autres courges butternut font leur apparition : soupes et purée savoureuse vont commencer à réchauffer les soirées frisquettes – ces gros légumes rassasient très rapidement et contiennent quasiment toutes les vitamines et minéraux du marché. Et puis vive le raisin !

Ma boîte à outils : l'objet du mois

Une application à installer sur mon téléphone qui surveille pour moi mon apport calorique quotidien. Ça me donne une indication et une petite discipline, avec un petit côté ludique que j'adore !

Mes trucs d'enfer pour garder une taille de guêpe

Les escaliers au lieu des escalators, ça, c'est fait. Les deux stations de métro, OK. Mais le gainage, debout devant l'évier ou devant la photocopieuse, vous y avez pensé ? Serrez les fesses !

L'horoscope de la régimeuse

Scorpion, *still loving you…* Qui ? Quoi ? Mon abonnement à la piscine, voyons !

Les secrets des minces

Elles ne se voient pas grosses ! Du coup, elles ne font pas n'importe quoi pour maigrir. Alors on réfléchit 2 minutes sur certaines relations de causes à effet, qui ne sont pas de l'ordre de la pensée magique mais du bon sens.

~ 45 ~

Y a définitivement un truc qui cloche…

Pourquoi ça ne marche pas ?

« Dès que j'achète le pain, sur le trajet en rentrant, je mange les quignons. » Avez-vous pensé à bousculer tout ça ?

Parce que vous n'avez pas profondément changé ! Vos habitudes, vos comportements, vos automatismes n'ont pas évolué. Vous restez dans ces anciens réflexes qui ont fait de vous ce que vous êtes aujourd'hui. Êtes-vous prête à changer ? Avez-vous la force de trouver des compromis solides et durables ? Souhaitez-vous vous retrouver ? Ou tout simplement vous trouver ? Ou bien vous réconcilier avec vous-même ?

COMMENT CHANGER, QUAND ÇA FAIT DES ANNÉES ?

On vous connaît par cœur, votre entourage familial, vos amies, vos collèges, votre conjoint, vos enfants. Ils peuvent tous anticiper vos réactions, vos habitudes, ils connaissent votre joie de vivre ou, au contraire, vos sautes d'humeur et vos moments de déprime. Ils savent ce qui vous fait rire et ce qui vous rend triste.
Ils connaissent vos horaires, vos loisirs, votre couleur préférée, l'animal que vous adorez, les restaurants que vous fréquentez.

Définition

Regardons dans le dictionnaire Larousse la définition du mot « régime » : « Ensemble de prescriptions concernant les aliments et destinées à maintenir ou à rétablir la santé : **Régime lacté. Régime végétarien**. Conduite alimentaire caractérisée par des restrictions : **Suivre un régime.** » Suivre un régime, vous voyez, n'est pas synonyme de supprimer !

Avis de recherche
Un boulanger qui fait des baguettes sans quignon...

ALORS, QUAND VOUS LEUR PARLEZ DE RÉGIME, ILS N'Y CROIENT PAS. Cela fait dix ans et vous vous traînez toujours ce sacré surpoids ! Ce n'est pas la première fois que vous décidez de vous y mettre, et à chaque fois, c'est le même schéma.
Vous commencez, vous perdez, vous arrêtez et vous regrossissez. « Il n'a pas l'air de fonctionner ton nouveau régime ? ! » Entre nous, il n'y a pas qu'eux qui vous connaissent. Vous aussi, vous vous connaissez très bien, vous connaissez vos faiblesses et vos forces !

ÉVITONS LE MOT « RÉGIME »

Une seule solution, **MENTIR À VOTRE ENTOURAGE !** Je veux dire... jouons sur les mots pour changer de perspective : le mot régime est souvent associé à la tristesse, la déprime, la colère, l'irritabilité, la frustration... et j'en passe. Jamais vous n'iriez vous vanter de faire un régime draconien de peur d'entendre : « Ah je comprends mieux ton humeur de chien ! » En revanche, annoncer que vous avez décidé de surveiller votre assiette, cela passe mieux.
Si votre médecin vous demande de supprimer le sel de votre alimentation, c'est bien un régime sans sel ? Alors là personne ne vous dit rien. C'est normal. Quand vous avez une intolérance au lactose, c'est un régime sans produits laitiers. On vous comprend et on vous plaint...

~ 46 ~

Des salades, oui, *mais des salades complètes !*

Fuyez les salades où le seul ingrédient est la salade verte. Cela ne vous nourrira pas et vous risquez la crise de **FRINGALE** à coup sûr. Qui n'a jamais pensé perdre du poids en se préparant crudités sur crudités. Au final, vous n'avez toujours pas maigri et vous avez eu faim comme jamais dans votre vie.

Manger une salade et avoir faim 1 heure après, ce n'est pas la meilleure tactique pour perdre du poids dans de bonnes conditions. Surtout qu'elles sont souvent arrosées de sauce vinaigrette qui plombe un peu l'ob-

20 astuces pour rallonger la vinaigrette

- Du jus de citron
- Du jus d'orange ou de pamplemousse
- Du jus de tomate
- De la tomate fraîche mixée
- Du concombre mixé avec un peu de sel mixé : il dégorge et cela donne du jus
- Du yaourt
- Du fromage blanc
- Du lait
- Un vinaigre différent (échalote, vin, framboise, xérès…)
- Du velours de vinaigre balsamique blanc ou noir
- De l'eau
- De l'eau + lait d'amandes
- Du Perrier
- De la sauce soja
- De la sauce pour nems
- Du Viandox
- Des herbes aromatiques
- De la moutarde forte, en grains ou plus douce (on en met plus)

jectif light que vous aviez prévu. **JE VOUS PROPOSE DE VOUS RÉCONCILIER AVEC LES SALADES, MAIS COMPOSÉES.**

COMMENT COMPOSER UNE BONNE SALADE ÉQUILIBRÉE ? LA RÈGLE DES 3 + 1

1. La base est simple » des légumes cuits ou crus (haricots verts, fenouil, tomates, carottes, concombre…).
2. Une protéine » thon, poulet, jambon, dinde, poisson blanc, tofu, œufs, crevettes…
3. Un féculent » pomme de terre, maïs, pâtes, riz, blé, haricots rouges, lentilles, pois chiches…

+ 1 : une fois cette base respectée, le secret sera dans l'assaisonnement. Sachant que pour perdre du poids, dans la plupart des régimes, la dose maximum de matière grasse est d'environ 3 cuillères à café ou 1 cuillère à soupe par jour, il va falloir trouver des astuces pour rallonger votre vinaigrette !

Ma salade minceur

Listez ici les ingrédients de votre prochaine salade minceur en respectant la règle des 3 + 1

1. ______________________________

2. ______________________________

3. ______________________________

+ ma vinaigrette préférée

____

~ 47 ~

Frustration, désolation au balcon, *moral dans les chaussettes…*

Vous venez de perdre 5 kg et votre motivation est déjà mise à rude épreuve. Si vous vous jetez sur le rôti à peine arrivé chez des amis, c'est mauvais signe !

Sur une échelle entre 0 et 10, votre motivation est à – 20. Vous vous dites « C'est bon, demain matin je m'y remets », mais dès votre réveil, toute envie disparaît.

Peut-être que le poids que vous faites actuellement (avec cette perte de 5, 6, voire 10 kg) n'a jamais été auparavant un poids déclencheur suffisamment motivant pour vous pousser à faire un régime ? Peut-être qu'il a fallu en prendre des kilos avant de réagir ! Cela explique sans doute votre démotivation actuelle. **VOUS AVEZ ATTEINT UN PLATEAU…**

APPRENDRE LA PATIENCE

Vous ne pouvez pas l'expliquer : c'est comme ça, vous n'y arrivez pas.
Votre corps en a besoin, mais **VOTRE TÊTE N'Y EST PAS.** Et pourtant vous vous sentez mal, vous n'avez pas le moral, vous vous sentez triste d'avoir encore tous ces kilos à perdre,

« Patience et longueur de temps font plus que force ni que rage. » Cette morale de La Fontaine vous accompagnera en secret…

Mon amie Aurore m'a dit : « Depuis que j'ai maigri + le sport, mon ventre ne fait plus un B mais un D. » Allez, essayez de penser à ce joli D en cas de baisse de moral...

mais cette bataille contre le poids vous semble contre nature. Toujours lutter, faire attention, être dans le contrôle, c'est usant.
D'ailleurs vous le sentez bien, **CE N'EST PAS LE MOMENT** : vous vous découvrez subitement d'autres priorités dans la vie et vous ne vous sentez pas d'attaque pour tout gérer.
Vous êtes las de faire toujours la même chose, le même régime, la même méthode. Vous avez envie d'être étonné, rassuré (on veut du résultat), de comprendre ce qu'il se passe, mais les réponses ne viennent pas. Je ne suis pas psy, mais il y a sûrement une explication...
Vous avez sans doute besoin d'aide. La seule chose que je peux vous dire, c'est que parfois, il faut tout simplement **ATTENDRE QUE LE BON MOMENT REVIENNE,** sans saboter complètement le travail accompli. Chaque chose en son temps. Retrouvez-vous, ainsi que le mode d'alimentation qui vous convient le mieux.
Obligatoirement, il faudra changer de comportement et d'habitudes, mais avec du temps, de la patience et de la persévérance, vous y parviendrez.

Lorsqu'on achète une paire de chaussures, elle fait souvent mal aux pieds les premiers temps. Puis, au fil des jours, logiquement, elle s'assouplit et vous vous sentez mieux. En revanche, si vous l'avez achetée trop petite, il n'y aura jamais d'amélioration : direction le cimetière à chaussures au fond du placard ! C'est comme dans un régime, il faut de la souplesse, ne pas se tromper et du temps pour l'adopter.

~ 48 ~

Je n'aime pas cuisiner, *mais j'aime bien manger : gros dilemme !*

Vous appréciez les bons petits plats de votre homme, de votre grand-tante, de votre mamie, de votre oncle, de votre maman, de votre belle-sœur… Et vous rêvez de pouvoir faire aussi bon. Mais vous n'avez pas le courage de vous y mettre, ou vous n'aimez vraiment pas cuisiner, ou vous pensez ne pas avoir le temps, ou vous avez peur d'être tentée pendant votre programme minceur. Vous avez décidé de démissionner du poste « cuisine à domicile » avec un seul objectif en tête : maigrir sans complications.

Faire un peu de cuisine n'est pas forcément source de complications. Si vous avez planifié vos courses et anticipé quelques repas, cela ne devrait pas vous compliquer la vie.

C'EST PAS SORCIER !

- Misez sur la simplicité : utilisez des basiques que vous préparerez et cuisinerez simplement.
- N'hésitez pas à acheter des conserves, des bocaux, du surgelé, du frais prêt à l'utilisation, toujours pour vous simplifier la vie !
- Organisez cet équilibre alimentaire le plus simplement possible en y ajoutant des aromates, des condiments, des herbes, des coulis, de la crème légère.

Mes 3 recettes secrètes express pour feignasses de la cuisine

Poulet express (pour moi toute seule)

Faites cuire du blanc de poulet sans peau à la vapeur, soit sur une assiette (couverte avec une feuille de papier sulfurisé ou d'aluminium) posée sur une casserole d'eau frémissante, ou dans un panier vapeur pendant 10 à 15 minutes, jusqu'à cuisson complète. Étalez 1 cuill. à soupe de parmesan râpé sur le poulet et mettez au four sous le gril (à basse température) pendant 2 à 3 minutes. Dégustez avec de la salade verte et un morceau de pain.

Poisson express (pour moi toute seule)

Faites griller ou cuire quelques filets de poisson blanc au micro-ondes jusqu'à ce qu'ils s'émiettent facilement (4 à 6 minutes selon l'épaisseur des filets). Pendant ce temps, réchauffez 2 cuill. à soupe de sauce tomate. Au moment de servir, étalez la sauce sur le poisson et saupoudrez de fines herbes hachées, de poivre noir fraîchement moulu et de jus de citron. Dégustez avec une petite salade composée de carottes râpées et de maïs en boîte (sans sucre ajouté).

Omelette express (pour moi toute seule)

Ingrédients :

2 œufs
5 dés de jambon froid
5 dés de poulet cuit froid
1 cuill. à soupe de gruyère râpé
Petits piments doux, cœurs d'artichauts ou tomates séchées, en bocaux
Persil ou basilic fraîchement hachés
Tout ce qui vous passe par la tête !

Versez 1 cuill. à café d'huile d'olive dans une poêle antiadhésive et faites-la chauffer sur feu moyen.
Battez 2 œufs dans un bol et ajoutez tout ce dont vous avez envie (voir ci-dessus pour les suggestions). Salez, poivrez et versez dans la poêle. Laissez cuire pendant quelques minutes, puis retournez l'omelette sur une assiette. Faites-la glisser à nouveau dans la poêle pour cuire l'autre face. Laissez refroidir pendant quelques minutes avant de servir.

~ 49 ~

Retrouvez le plaisir de maigrir

Quelle matinée extraordinaire, vous vous sentez pousser des ailes. Vous chantonnez à peine levée, une énergie folle, un sentiment d'apaisement, de joie de vivre vous envahit, vous dansez au milieu du salon. Mais qu'est-ce qui vous met dans cet état-là (donnez-moi la recette) : vous êtes amoureuse ? Ben non !
Vous avez réussi un concours ? Non, ça fait longtemps que vous avez quitté l'école…
Vous avez eu une augmentation ? Par ces temps de crise économique, peu probable.
Vos enfants ont obtenu un diplôme ? Non, on n'en donne pas en maternelle !
Votre fille ou fils se marie ? Non, là, je serais dans le stress total.
Vous avez gagné au Loto ? Ah, si c'était vrai !
Ben c'est quoi ?
Je sais ! **AUJOURD'HUI, VOUS AVEZ MAIGRI, YOUPI !**
Maigrir dans de bonnes conditions, ça nous met dans un état de bien-être extraordinaire. Vous voyez que vous pouvez y arriver ! C'était peut-être long, mais maintenant, c'est bon.

Trois ans, c'est le temps nécessaire pour retrouver un poids de forme, sans privation, dans la joie et dans la bonne humeur, s'il vous plaît !

VITESSE DE CROISIÈRE, ÇA VA PÉPÈRE…

Le bon rythme est là, le moral revient, tout vous semble facile. La seule chose qui vous inquiète : combien de temps allez-vous tenir à

Pour tenir bon et devenir celle que vous souhaitez, il va falloir savoir gérer les plaisirs pour ne pas vivre la frustration pendant votre phase d'amaigrissement.

cette cadence ? Rappelez-moi, combien de kilos perdus jusqu'à maintenant ? Waouh ! Pourquoi la balance ne me le dit pas haut et fort ? Quand tout va bien, mon petit plaisir du matin, c'est de poser un pied puis l'autre sur la balance et d'attendre la bonne nouvelle…

Votre amaigrissement est un exemple, vous fondez à vue d'œil, chaque perte de poids provoque chez vous une joie intense, une volonté farouche de continuer, un moral d'acier. Rien ne peut vous arrêter. Certaine que vous ne regrossirez JAMAIS – ce que je vous souhaite –, vous avez respecté votre pacte minceur. Moral ou écrit, quand on fait un pacte, normalement, cela nous engage à le respecter. Le pacte que vous avez mis en place, c'est un contrat avec vous-même.

Pas besoin d'expliquer, de se justifier, pas besoin d'être surveillée, pas besoin d'être jugée… Vous ne rendez de comptes à personne d'autre qu'à vous-même. **IL EST TEMPS AUJOURD'HUI DE CONSOLIDER LES ACQUIS.** Servez-vous de cette expérience pour faire le bilan des actions positives menées jusqu'à maintenant. Elles seront indispensables pour tenir sur la durée et ne plus regrossir.

Action/réaction

Manger sans contrôle, sans équilibre, sans surveillance, sans raisonnement, cela finit par ajouter chaque année 5 kg à tout individu en léger surpoids, soit, si je calcule bien, 15 kg de plus dans trois ans. Ça fait un choc, non ?

NOVEMBRE

On pimente un peu l'hiver pour le réchauffer ! D'autant plus que les herbes aromatiques et les épices sont importantes car elles sont riches en antioxydants. Ce sont des substances qui protègent les cellules de notre corps en formant une barrière de sécurité autour d'elles et en absorbant au passage les radicaux libres en neutralisant leur nocivité. Notre corps peut ensuite s'en débarrasser en toute sécurité. Donc on peut y aller sur la cannelle – épice coupe-faim – le piment, le poivre ou le safran (un excellent antidéprime)... L'automne s'annonce chaud !

Prends conscience que tu as de la valeur, tu es une belle personne.

Notons...

Mon poids du mois		Mon tour de cuisses	
Mon tour de poitrine		Mon tour de mollets	
Mon tour de taille		Mon tour de bras	
Mon tour de hanches		**Bilan à la fin du mois : combien de kilos perdus ?**	

Marge bénéficiaire du mois #11:

Vous avez souffert ? Beaucoup ?
Notez cette épreuve sur une échelle de 1 à 20.

Vous êtes heureuse d'avoir perdu un peu de poids ?
Notez votre satisfaction sur une échelle de 1 à 20.

Puis calculez la moyenne,
notez le résultat :

L'objectif : on frise la perfection au bout de 11 mois.

Carnet de notes perso

Pour noter mes succès, mes victoires, mes trucs qui marchent.

Cumin, curcuma, gingembre, menthe, moutarde, origan, persil, piment, romarin, thym : pas le temps de laisser la routine s'installer dans notre cuisine de régimeuse.

Mon Caddie magique

Soyons optimistes, qu'est-ce que j'y mets ?

La vie en rose, c'est pour aujourd'hui : betteraves et chou rouge sont à l'honneur. On mixe avec des soupes poireaux-pommes de terre, pour une cuisine colorée et chaleureuse, pleine d'antioxydants. Les panais et les légumes-racines trouveront leur place dans votre Caddie, à côté de quelques coings et des premiers agrumes parfumés.

Ma boîte à outils : l'objet du mois

Ma ceinture fétiche, des petits trous, toujours des petits trous… Alors combien de crans en moins sur votre ceinture depuis tout ce temps ?

Mes trucs d'enfer pour garder une taille de guêpe

Je prends en photo les aliments auxquels j'ai résisté et je les archive sur mon portable en souvenir de ces moments où je suis restée sereine face à la tentation.

L'horoscope de la régimeuse

Sagittaire, prenez les devants et des initiatives valorisantes : plus vous mincissez, plus vous persévérez, plus vous vous rapprochez de votre objectif.

Les secrets des minces

Une chose est sûre, elles savent se mettre en valeur. Et si vous arrêtiez de vous cacher sous vos tuniques et robes de grossesse ? Une jolie jupe, des petits talons, un corsage qui ne bâille plus : une autre femme est née.

~ 50 ~
Objectif
zéro grignotage

Attelez-vous à la tâche de l'instant présent. Apportez-y toute votre énergie pour réussir. Cet entraînement intensif que vous vivez est le début d'une vie où vous serez beaucoup plus mince.

Au fil des jours, votre humeur va changer face aux difficultés rencontrées. Aujourd'hui, nous allons tenter de lutter contre ce truc qui vous culpabilise à mort, le grignotage.

STOP AU DOUDOU ALIMENTAIRE !

Beaucoup d'entre nous ressentent parfois des moments d'angoisse. Certains seront oppressés, d'autres ne tiendront pas en place ou auront du mal à dormir. Et c'est bien connu, pour soulager l'angoisse, on mange.

Mes SAG (Solutions Anti-Grignotage)

1. Impératif : laisser passer 4 heures entre chaque prise d'aliments ou boissons (sauf l'eau nature). C'est la meilleure solution pour éradiquer le grignotage. Toute votre attention sera monopolisée par les 4 heures à respecter.

2. Organisez votre planning alimentaire. On mange matin, midi, à 16 heures et soir, et c'est tout. La routine ça rassure, ça permet de fixer un cadre et de garder le cap.

3. Faites un grand ménage dans vos placards. Rien sous le nez, paquets fermés scotchés, boîtes de rangement opaques : votre placard, c'est fort Knox !

Le grignotage, c'est ce besoin inexpliqué de mâcher, croquer, s'occuper en mangeant ou en buvant du sucré, du salé ou de l'alcool. On mange, comme d'autres fument.
Il est donc évident qu'en phase d'amaigrissement, on choisit la nourriture comme réconfort. Le bon côté, c'est que ça marche. Si l'apaisement ne dure pas très longtemps, c'est toujours ça de pris quand même. L'inconvénient, c'est qu'on grossit. Et ça, ça dure !
Quel est votre meilleur **DOUDOU ALIMENTAIRE ?** Chocolat, biscuits apéro, saucisson, mousse au chocolat, glace à la vanille, confiture ou fromage ?

Nous avons besoin de 10 g de sucre par jour. Une canette de soda vous en apporte 35 g ! Donc en 5 minutes, vous avez couvert le quota de 3 jours et demi.

Intéressant, non ?

Reprogrammez votre cerveau !

Généralement, les compulsions viennent de frustrations émotionnelles qui n'ont rien à voir avec la faim. Les messages envoyés au cerveau comme « Je suis en colère », « Je suis angoissée »… se transforment en « J'ai faim ». C'est un message brouillé.
Lorsqu'une fringale s'annonce, notez sur cette page votre véritable état émotionnel du moment et tentez de l'analyser. Colère ? Fatigue ? Découragement ? L'important est de bien comprendre ce qui vous pousse à engloutir un pot de rillettes en rentrant du bureau à 18 heures…

~ 51 ~

De bonnes choses à se mettre sous la dent *pour les petits creux...*

Amaigrissement sans plaisir : abandon en vue. Persévérance sans plaisir : on se lasse ! Courage sans plaisir : trop de frustration...

Tant qu'à craquer de temps en temps, ne vous fourvoyez pas sur la charcuterie ou les mille-feuilles. Voici des idées géniales et savoureuses qui m'ont aidée à tenir le cap !

- Une tartine craquante avec une tranche de jambon de dinde, de cheddar.
- Une tartine craquante avec 1 cuill. à café de pâte à tartiner à base d'amandes ou de noisettes et des rondelles de tomate.
- Un petit pot de yaourt nature à 0 % avec 2 amandes et ½ cuill. à café de miel.
- Un petit bol de muesli (de la grandeur d'un poing) non sucré avec des noix et des graines (sans fruits déshydratés) + du lait de soja ou de riz.
- Un café au lait de soja.
- Un petit pot de fromage frais nature avec de la ciboulette.

On remplace systématiquement :

- les bonbons par une pâte de fruits bio, light ;
- les cacahouètes salées par des graines de soja grillées ;
- un mille-feuille par une crêpe au sucre ;
- du saucisson sec par de la viande des Grisons ;
- des chips par des galettes de riz croquantes.

- Une tranche de pain de seigle grillé avec 1 cuill. à soupe de pâté de maquereau et des rondelles de concombre.
- Une tranche de truite fumée avec du pain de seigle grillé.

- Une tranche de pain de seigle avec 1 petite boîte de thon à la tomate et quelques rondelles de cornichon.
- Un petit plateau de sushis.
- Un rouleau de printemps.
- Une tartine de pain de seigle grillé avec du tzatziki, du saumon fumé en fines tranches et des rondelles de concombre.
- Une tartine craquante avec 1 œuf dur haché mélangé à du yaourt nature et des fines herbes fraîches hachées.

- Une tartine craquante avec du saumon et des rondelles de concombre.
- Deux branches de céleri frais farcies de 2 cuill. à café de pâte à tartiner à base d'amandes ou de noisettes.
- Un œuf dur froid et 2 tranches de jambon blanc.
- Une cuisse ou du blanc de poulet froid (sans peau), 2 tomates et quelques carottes crues.
- Une tranche de pain avec du fromage frais et de la viande des Grisons.
- Un fruit frais avec 20 g de chocolat noir.

~ 52 ~

Vos besoins ne sont pas *ceux des autres*

– Anna ? J'ai entendu dire que si je mangeais des frites séparément de mon kebab, ça ne comptait pas, c'est vrai ?
– Séparément, ça veut dire quoi ? Dans 8 jours ou dans 20 minutes ?
– Ben 20 minutes...
– Ce qui est mangé au cours de la même journée même séparément est aussi calorique que consommé en même temps. Dommage !

Une journée entière c'est long. Se lever, s'habiller, partir bosser ou s'occuper des enfants, repasser, astiquer, travailler, marcher, porter, respirer, prendre les transports en communs bondés, digérer et j'en passe, cela demande un minimum de carburant pour tenir le coup. Donc manger (évidemment le plus équilibré possible) va vous permettre d'être en forme et de perdre du poids, si vous respectez **UN TAUX ÉNERGÉTIQUE INFÉRIEUR À VOS BESOINS** et adapté à votre profil.

Une senior n'aura pas besoin du même apport énergétique qu'une adolescente ou qu'un homme de 30 ans.

Votre médecin adaptera votre régime en fonction des informations qu'il connaît sur vous. D'où l'importance de ne jamais faire un régime seul. Soyez accompagné, vous avez besoin d'aide, de soutien pour vous guider dans la bonne direction.

Votre nutritionniste et votre médecin sont vos GPS !!!

Nous sommes tous victimes d'idées reçues qui nous empêchent d'avancer : « Ne mange pas ci, ne mange pas ça, ne fais pas ci, ne fais pas ça, oublie tout, n'oublie pas, respecte ceci, mais pas ça… » Ouh ! là, là, là ! Et maintenant, je fais quoi ?

Perdu, on fait souvent un mix de tous les régimes qu'on a pu suivre dans notre vie et le résultat est nul : les règles de l'équilibre sont tronquées, on en perd le nord et on se décourage encore une fois.

Quelques régimes idiots, histoire de rire un peu...

Le régime « fourchette » : tout ce qui peut se manger à la fourchette est autorisé. Tant que vous mangez du saucisson et des pains au chocolat à la fourchette, tout va bien... C'est bien connu, une fourchette absorbe 75 % des calories des aliments qu'elle touche...

Le régime « pot pour bébé » : se nourrir uniquement de petits pots. Jennifer Aniston le suivait. Vous vous souvenez du nom du mari qui l'a larguée ? Brad Pitt. Voilà voilà...

Le régime « laxatif ». Doit-on vraiment s'étendre en détail sur les inconvénients que présente ce régime qui, en plus de bousiller votre vie sociale, vous ruinera en papier toilette ?... Non.

Le régime « avaler un ver solitaire ». Si, si, certaines personnes font ça...

QUELQUES GRAMMES DE BON SENS

Autre chose ? **MON CONSEIL : JE NE PIQUE PAS LE RÉGIME DE MA VOISINE SANS EN INFORMER MON MÉDECIN.**
Je ne décide pas d'arrêter de manger (c'est vital de se nourrir), de toute façon je ne vous donne pas 5 heures pour craquer et remanger. J'anticipe l'avenir et je ne fais pas n'importe quoi : la santé c'est important. Soyez raisonnable, tout le monde n'a pas besoin de maigrir... On ne fait pas des choses dingues : ce régime que vous souhaitez faire, le conseilleriez-vous à vos propres enfants ? Si c'est non, arrêtez tout de suite.

Allez, on se le répète en boucle...

- On maigrit en mangeant sainement et raisonnablement.
- On mène des actions.
- On y croit.
- On fait des choix.
- On n'a pas peur des embûches... on les défie !

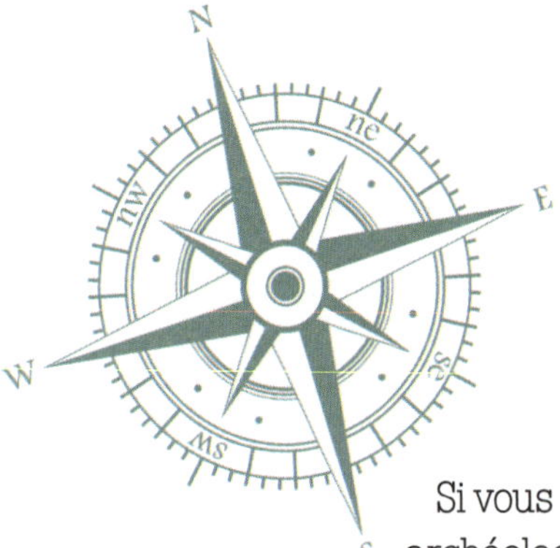

~ 53 ~

On continue à garder le cap : *l'organisation*

Si vous avez décidé de faire une randonnée pour voir un site archéologique, religieux, naturel… c'est un but bien précis à atteindre en quelques heures avant la fermeture du lieu ou avant la nuit tombante. Il ne vous viendrait pas à l'idée de vous détourner de votre objectif en faisant une sieste de 2 heures, une pause chez la boulangère au premier tournant, un coucou au glacier pour faire passer votre coup de chaud. Vous avez une priorité, découvrir l'endroit avant qu'il ferme ou que la nuit tombe. Cela vous tient à cœur. Eh bien c'est comme pour maigrir, **VOTRE OBJECTIF POIDS EST UNE PRIORITÉ** et rien ne doit vous distraire ni vous détourner de ce projet. Organisez-vous pour réussir, avant, pendant et après. Même en étant une femme et une maman débordée, c'est possible. Se retrouver en fin de journée HS, c'est normal. En revanche, se ressourcer en se jetant sur un cassoulet et deux religieuses au café, il y a mieux !

Petite scène chez une amie (mince et bien dans sa peau)…

À l'heure du goûter des enfants, je lui dis : « Tiens, c'est marrant, tu n'as pas de pâte-à-tartiner-aux-noisettes-dont-les-enfants-raffolent ? »
Elle me dit, très innocemment : « Alors ça, c'est typiquement le genre de produit que je n'aurais jamais l'idée d'acheter ! J'en prends à l'occasion, mais c'est pas un basique ! »
À méditer !

Ouvrir/fermer le réfrigérateur ou les placards sans arrêt est un automatisme à déprogrammer. Vous savez pertinemment qu'ils ne contiennent rien de spécial aujourd'hui, pas plus qu'hier, mais vous continuez à scruter du regard les moindres recoins avec l'espoir secret de trouver un délicieux trésor.

À MOINS QUE ?...

LA SOLUTION : trouver effectivement un trésor nutritionnel quand vous ouvrez un placard ou le réfrigérateur, un trésor qui viendra remplacer toutes nos sales habitudes de grignoteuse – par exemple des galettes de riz au chocolat

Rangement !

Vous allez devoir réorganiser vos placards et votre réfrigérateur, en établissant trois listes. Avec un peu de jugeotte, vous comprendrez vite que chips et pâte à tartiner seront toujours dans la troisième catégorie, mais que le beurre appartient bel et bien à la première, et que la bouteille de vin, elle est carrément festive. Allez zou ! À vos placards, prêts, partez !

> **la catégorie basique**

> **la catégorie festive**

> **la catégorie exceptionnelle**

~ 54 ~

Mais… mais… se pourrait-il *que j'aimasse les légumes ?*

Souvenirs de cantine… Infâme ratatouille, salsifis abjects, épinards surnageant dans une sauce étrange… Bon, d'accord, c'est un peu un cliché tant les restaurants scolaires ont évolué. La nutrition a décidément pris de l'importance au sein des cantines d'aujourd'hui, et cette caricature n'a plus vraiment cours. En revanche, pour notre génération, les légumes de la cantine auront laissé des traces !

Osez ! Laissez-vous surprendre par les légumes que vous avez si longtemps pris de haut… Et regardés de loin.

COMMENT AIMER LES LÉGUMES APRÈS UNE TELLE EXPÉRIENCE CULINAIRE ?

Eh bien il suffit d'oser, de goûter, de changer, de savourer, de renouveler, de cuisiner, de varier pour se remettre à apprécier les légumes crus ou cuits. Aucun autre aliment en accompagnement de vos féculents et de votre protéine ne vous permettra d'avoir une belle assiette pour moins de calories.

Le trio gagnant à mes yeux, ce sont les légumes, les féculents et la protéine (animale ou végétale).

Maintenant, il est important de vous réconcilier avec eux et de ne pas les oublier dans votre assiette. Question à se poser avant chaque repas : que vais-je faire comme légumes aujourd'hui ?

Si vous n'aimez pas les légumes, intégrez-les dans des préparations : par exemple du riz et des champignons, des pâtes et de la ratatouille, des pommes de terre et du chou…

SOUS QUELLE FORME LES CONSOMMER ?

En soupe
Crudités (morceaux, râpés)
Cuits
En conserve
Surgelés
En julienne
En purée
Farcis
En gratin

DE GROS AVANTAGES

- Accompagnés de féculents, les légumes vous procureront un sentiment de satiété.
- Grâce aux fibres qu'ils apportent, la digestion est ralentie, vous aurez moins vite faim.
- Ils donnent de la couleur dans l'assiette.
- Ils apportent de la variété.
- Ils procurent du plaisir (si on les agrémente).
- Ils sont plus longs à manger (surtout les artichauts !).
- Leur valeur nutritionnelle est souvent imbattable question vitamines et sels minéraux.

La bonne répartition

> Mettez dans votre assiette autant de légumes que de féculents ce qui vous permettra de ressentir une bonne satiété rapidement.

> Ajoutez-y une protéine (viande, poisson, œufs, ou légumes secs, tofu...).

> Il suffira de compléter votre repas et votre journée par des lipides, des fruits et des laitages... et le tour est joué.

DÉCEMBRE

À l'heure des fêtes, on fait souvent le bilan d'une année écoulée tout en se fixant les objectifs de celle qui se profile. Les régimeuses craignent souvent cette période car elles voient resurgir les vieux fantômes du « gavage » systématique qu'elles essaient tant de fuir ! Une seule solution : tout faire en conscience. Craquer, équilibrer, craquer, équilibrer… et recadrer. Et surtout, apprécier vraiment ce que la vie nous offre, savourer pleinement ses plaisirs ! C'est la seule façon d'atteindre la plénitude.

Je sais aujourd'hui que je ne ferai plus n'importe quoi avec la nourriture et avec ma façon de vivre et de m'alimenter.

Notons…

Mon poids du mois ☐

Mon tour de cuisses ☐

Mon tour de poitrine ☐

Mon tour de mollets ☐

Mon tour de taille ☐

Mon tour de bras ☐

Mon tour de hanches ☐

Bilan à la fin du mois : combien de kilos perdus ? ☐

Marge bénéficiaire du mois #12 :

Vous avez souffert ? Beaucoup ?
Notez cette épreuve sur une échelle de 1 à 20. ☐

Vous êtes heureuse d'avoir perdu un peu de poids ?
Notez votre satisfaction sur une échelle de 1 à 20. ☐

Puis calculez la moyenne,
notez le résultat : ☐

L'objectif : 20 sur 20, évidemment !

Carnet de notes perso

Pour noter mes succès, mes victoires, mes trucs qui marchent.

Manger n'est pas tabou ! J'ai le droit de me faire plaisir, mais aussi d'en laisser dans mon assiette si je n'ai pas faim.

Mon Caddie magique

Soyons optimistes, qu'est-ce que j'y mets ?

La nature est bien faite : c'est quand on a besoin de chaleur que les légumes se font de nouveau réconfortants. Carottes, céleri, l'heure est au pot-au-feu dégraissé – avant de se faire plaisir, avec modération, en dégustant du saumon et de la dinde aux marrons.

Ma boîte à outils : l'objet du mois

Je change de vêtement étalon – il est décidément devenu trop grand !

Mes trucs d'enfer pour garder une taille de guêpe

Dès lors que vous retrouvez les plis de votre jupe plissée, que votre jean coupe large n'est plus slim, les efforts paient, les résultats sont là. Et comme c'est Noël, faites-vous offrir une nouvelle garde-robe.

L'horoscope de la régimeuse

Quel que soit votre signe, l'arrivée du soleil dans votre décan apportera, l'année qui vient, un renouveau à votre objectif.

Les secrets des minces

Les soirs de réveillon, elles ne campent pas près du buffet mais plutôt sur la piste de danse !

~ 55 ~

Gouverner, *c'est prévoir...*

Cette maxime d'Émile de Girardin, grand homme de presse et politicien du XIXe siècle, vous devrez la faire vôtre ! **VOUS ÊTES AU GOUVERNAIL DE VOTRE AMINCISSEMENT**, et si vous devez changer vos habitudes de consommation, ne vous laissez pas surprendre dans votre nouvelle routine.

- Prévoyez de cuisiner en quantité pour congeler le supplément en portions individuelles.
- Faites-vous des sachets, des barquettes individuelles. Quelques instants aux micro-ondes et votre repas sera prêt.
- Pensez à choisir des aliments à consommer sans trop de préparation, des collations pour les urgences.
- Buvez de l'eau et des tisanes avant de passer à table.
- Achetez des aliments plaisir en petites portions ou à la coupe.
- Faites-vous des menus à l'avance, préparez-les un jour de grande cuisine et congelez-les avec des étiquettes : cela évite le syndrome du « Je ne sais pas quoi faire ce soir », et c'est tellement mieux « fait maison ».
- Demandez l'avis des autres pour organiser vos menus de la semaine et choisissez en famille.
- Achetez des aliments surgelés (légumes en portions nature, épluchés, lavés, découpés).
- Prévoyez du poisson en boîte pour dépanner : thon au naturel, maquereaux grillés, sardines au citron sans huile...
- Faites le plein d'épices, de condiments différents, soyez curieuse ! Sortez de vos achats récurrents et surprenez-vous à changer vos habitudes de choix.

Ne vous dites pas :
« C'est bon, jai maigri, je peux remanger un peu comme avant et reprendre racine sur le canapé. »

MES CONSEILS POUR GARDER LE CAP

Maintenir un nouveau poids doit être **VOTRE OBJECTIF DE VIE**. Pour cela, n'oubliez pas de poursuivre vos efforts de consommation, ne lâchez rien sur les changements amorcés ou mis en place et faites toujours marcher votre cerveau quand vous êtes au supermarché ! Si vous laissez les mauvaises habitudes revenir, il ne leur faudra pas longtemps pour ruiner tous vos efforts ! Vous n'avez pas besoin de mode d'emploi pour retomber dans vos travers… Allez, faites-vous confiance et gardez en tête ce dont vous avez envie. Choisissez bien et, encore une fois, ne rêvez pas d'un poids, mais vivez avec.

Notez ici au moins :

5 entrées légères que vous savez pouvoir répartir facilement sur une semaine.

5 plats légers que vous savez pouvoir répartir facilement sur une semaine.

5 collations légères que vous savez pouvoir répartir facilement sur une semaine.

5 desserts sympas à répartir sur une semaine.

Mais si, je suis certaine que vous allez les trouver !…

~ 56 ~

Les repas avec des clients *au restaurant*

LES REPAS D'AFFAIRES : COMMENT FAIRE ?

LA *WORKING GIRL* C'EST VOUS. Vous vivez à 100 à l'heure entre votre milieu professionnel et votre famille. Votre vie tourne autour du boulot, des contrats, des projets… Chaque jour est une nouvelle aventure : vous aimez ça, c'est votre adrénaline.

Présente à chaque cocktail, repas et dîner d'affaires, vous gérez tout comme une chef (d'ailleurs, le chef, c'est vous peut-être). Vos supérieurs hiérarchiques se reposent sur vous, rien ne vous échappe, vous anticipez les problèmes et vous êtes la championne pour les résoudre. C'est au restaurant que vous invitez régulièrement vos clients, à midi ou le soir. Parfois c'est vous qu'on invite, et il est hors de question d'évoquer ce mot de « régime », tabou dans le milieu des affaires : les gros contrats se règlent toujours autour d'une bonne table.

Faisons avec et trouvons des solutions !

L'attitude régime friendly

- Invitez vos clients à choisir en premier.
- Argumentez sur le choix de vos plats en avouant que votre week-end a été plutôt chargé, ils comprendront mieux votre attitude.
- Mangez très lentement : les autres auront fini et vous en aurez encore dans l'assiette.
- Buvez une gorgée d'eau entre chaque bouchée.

QUELQUES ASTUCES

Ça commence dès le petit déjeuner : favorisez les laitages (vous n'en prendrez pas au restaurant), prenez du pain complet pour les fibres, et hydratez-vous : eau et thé (votre dose de café, vous la boirez dans la journée).

LES REPAS AVEC DES CLIENTS AU RESTAURANT

- Décortiquez la carte pour faire les bons choix.
- Choisissez-vous même le restaurant qui VOUS convient.
- Prenez les plats les plus chers. Ce sont souvent les moins gras et il y en a moins. Aujourd'hui, je prendrai un petit homard !
- Choisissez à la carte plutôt que le menu : l'important c'est de faire des choix, des choix et encore des choix. Et les bons !
- Optez pour une grillade : ça sauve toujours.
- Demandez systématiquement la sauce à part (c'est votre côté *Quand Harry rencontre Sally*).
- Le vin, commandez-le au verre avec une eau pétillante ou plate.
- Demandez un supplément de légumes avec vos féculents.
- Non, pas de frites, merci !
- Pour terminer : une salade de fruits, un fruit frais ou un fromage blanc avec coulis, et un café avec son petit chocolat.

Ce qu'il y a de génial, au resto, c'est que vous avez toujours le choix !

– Hé, Anna, on n'est pas Crésus pour le homard !

– OK, on fait crevette ;)

~ 57 ~

Ce sandwich, *c'est moi qui l'ai fait !*

Une des choses que dénoncent les militants altermondialistes et tous ceux qui ont des bases de diététique est la « malbouffe », responsable de la hausse des cas d'obésité et d'un nombre effarant de maladies. Si la tendance est au fait maison, il faut bien admettre que le sandwich hypergras et d'une valeur nutritionnelle aberrante attrapé au vol à la supérette en face du bureau, c'est pratique. Mais si je vous encourage à tout faire vous-même, il y a une raison : c'est meilleur, pour soi, pour sa ligne et pour sa santé donc, alors un peu de courage, on s'y met !

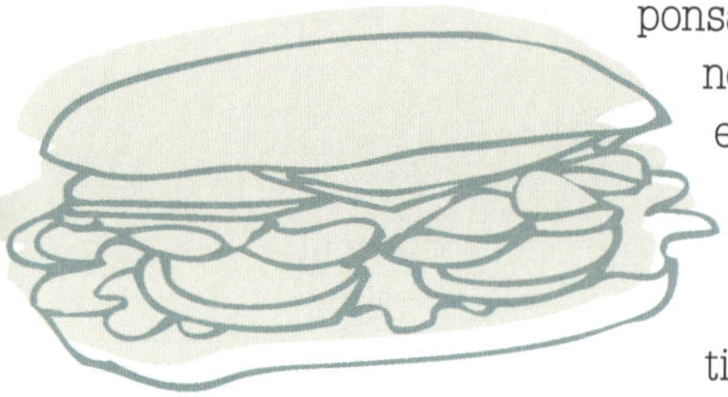

LA VEILLE POUR LE LENDEMAIN

Préparez des cakes, des quiches sans pâte, des clafoutis salés ou sucrés **POUR MIEUX MAÎTRISER LA COMPOSITION.**

Pour vos déjeuners au bureau ou en pique-nique, côté viande rouge, choisissez du bacon, du jambon, du jambonneau, de la viande des Grisons, du rosbif froid… Côté viandes blanches et poissons, de la truite fumée, du saumon fumé, des maquereaux grillés (ou au vin blanc ou à la tomate), du thon nature (ou à la tomate), des escalopes de volaille grillées, la dinde fumée, du veau…

Les salades maison seront plus saines car sans conservateurs, colorants ou additifs. Quant aux sandwichs maison, ils seront moins gras et plus copieux.

Et n'oubliez pas les œufs !
Optez pour le concombre, les champignons, la tomate, le fenouil, les cornichons, la salade verte, la carotte, le céleri…

Accompagnement ou base du sandwich : moutarde, coulis de tomates, fromage à tartiner, sel, poivre, cornichons, fromage blanc, sauce vinaigrette légère…

Fruits : on peut prendre une poire, une nectarine, une banane, des fruits secs, des abricots, du melon, de la pastèque…

Boissons : de l'eau plate ou pétillante, du thé, du café.

Et le pain : plutôt que la baguette, on teste les pains complet, au seigle, aux céréales ou au son, plus rassasiants. Le pain pita est aussi une bonne option.

Du plaisir pour mincir

Voici quelques idées pour relever la tranche de jambon ou les miettes de thon nature qui constituent la base de votre sandwich.

- Saint Moret, moutarde forte ou douce.
- Fromage blanc, moutarde, ciboulette, ail frotté.
- Carré Frais, ail, fines herbes, crème fraîche.
- Coulis de tomates, tomate fraîche et ail frotté.
- Concombre mixé puis égoutté.
- Basilic, câpres, cornichon, poivrons cuits confits, ricotta, cottage cheese… avec un peu d'imagination, la liste est longue !

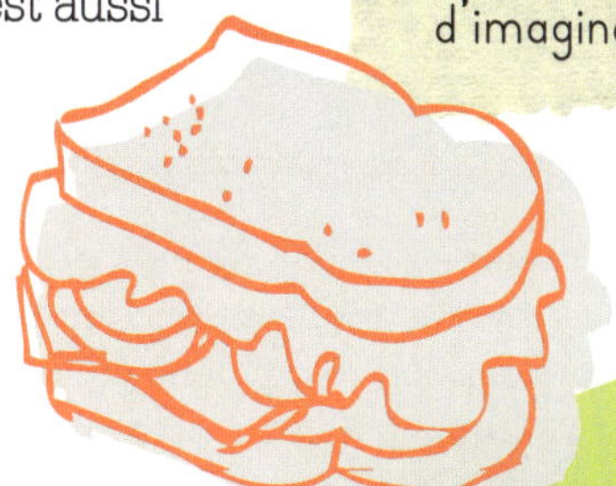

– Hé Anna, tu crois pas que c'est trop de boulot ?

– J'ai jamais dit que ce serait facile. Motivé ou pas ?

~ 58 ~

Ce soir, pour fêter ça, *c'est moi qui régale !*

Admettons-le, lorsque l'on suit un vrai régime, **ON A DU MAL À INVITER DU MONDE.** D'autant plus qu'on aime venir chez vous pour votre générosité, vos plats mitonnés roboratifs ! Or il suffit de revoir ses principes de base et on se rend très vite compte qu'il n'y a rien de plus facile que de lancer une invitation aux copains, sans que cela dégénère en orgie calorique ! Voici quelques pistes.

*Je n'oublie pas : chaque bon moment en bonne compagnie **Me** fait du bien.*

DÈS L'APÉRO

Une des solutions pour consommer moins de rosés, c'est de remplir en amont son verre de glaçons, mais surtout de boire un grand verre d'eau avant. Pour le mojito, optez pour la version sans sucre ou sans alcool (il n'y a pas de miracle, ces deux trucs-là ne vous veulent pas de bien !).

En recevant, tu ruseras...

Vous avez invité des copains à dîner ? Ce n'est pas une raison pour laisser tomber tous les principes de votre régime ! Réfléchissez donc à un menu équilibré, et proposez tous les assaisonnements à part : sauce, gruyère, jus de viande... Privilégiez également les petites portions. Pains et desserts individuels, farandole de fruits et mignardises. Ça permet de manger un peu de tout, sans excès...

Trouver le bon compromis

Composez le repas qui VOUS plaît, mais qui ne fera pas fuir tous vos convives, à moins que vous ayez invité tous les membres de l'association « Tous fous du tofu ! » dont vous êtes la présidente, auquel cas, vous savez ce qu'il vous reste à faire.

ET SI VOUS CHOISISSIEZ L'INDÉMODABLE JUS DE TOMATE, POUR EN PLUS ÊTRE RASSASIÉ ?

Idéal aussi, le citron pressé ou le pastis trèèèèès léger, qu'on allonge, qu'on allonge… jusqu'à plus soif.

Vie sociale obligatoire, sinon tu maigris… et tu n'as plus d'amis.

Pour plus de fun (qui a dit que ce n'était pas marrant de venir manger chez vous ?), présentez vos cocktails dans un petit melon ou un petit ananas vidés accompagnés d'une jolie paille.
Et puis bien sûr, des crudités en bâton sur la table, des crackers légers et du fromage frais, des graines grillées. Et des chips… pour ceux qui aiment. Vous, vous saurez résister…

AU MENU

Pour le plat de résistance, vous avez quand même le choix, entre cassoulet, rôti de bœuf-frites et bar au four et farandole de légumes. La gamme est suffisamment étendue pour que vous preniez une décision judicieuse, non ?
Un indice : plateau de charcuterie/gigot-haricots blancs/plateau de fromage/paris-brest ? Sérieusement ? Peut mieux faire !
On recompose : charcuterie/rôti de bœuf ou poulet rôti-purée de courge butternut/salade-fromage/sorbet Passion. Un poil mieux, quand même ?
Sans tomber nécessairement dans le : crudités sans sauce, poisson vapeur-brocolis, salade verte, salade de fruits sans sucre. Je ne vous demande pas de vous fâcher avec tous vos amis, juste de faire preuve de bon sens !…

~59~

Je suis fière *de moi*

L'heure est aux félicitations. Même si vous n'avez pas encore fini, vous avez besoin qu'on vous félicite. Après tout, vous avez bossé pour qu'on voit vos résultats, marre de ceux qui croient que vous avez seulement changé de lunettes ou de coupe de cheveux ?! Mince, vous avez maigri et vous avez envie que cela se sache ! Vous avez besoin qu'on vous trouve en super forme, resplendissante, rajeunie, pimpante, punchy…

Félicitations

Bravo pour avoir tenu pendant ______ semaines !

Sensationnel ! T'as maigri où ? ______________

Extra, j'ai résisté au chocolat ou à ______________

Magnifique, ma tenue préférée ?

La ____________ avec ______________

Plus mince qu'avant le, __________ quand j'ai commencé !

Mon IMC ____________

Taille de vêtements aujourd'hui ________

Beaux résultats ! Ma perte la plus encourageante, c'était combien ? __________ grammes/kilos.

et quand ? ______________

Super réussite. Grâce à qui ? ______________

À quelle occasion ai-je été la plus sérieuse ?

____

Raisonnable tous les jours ? ______________

Waouh ! Trop top !

Ça, c'est fort !

pressionnant !

Félicitations !

Alors, allons-y pour le bouquet final !!!

Nombre de kilos perdus !

. . . .

oupi !

Chapeau !

Bravo !

Hourra !

Quel beau boulot !

Là, je dis respect...

~ 60 ~

On récapitule *une bonne fois pour toutes !*

Mes règles incontournables pour atteindre votre perte de poids

- Écrivez sur un papier au stylo votre **OBJECTIF PERTE DE POIDS**, le pourquoi vous souhaitez maigrir et le nombre de kilos à perdre. Pliez ce papier et gardez-le sur vous (sac, poche, portefeuille…). Ou éventuellement photographiez le message écrit et installez-le en fond d'écran, sur votre ordinateur ou votre téléphone portable. Ainsi, votre cerveau imprime !
- **PARTAGEZ VOTRE OBJECTIF** avec une personne de confiance. Super important, à deux ou à trois, nous sommes plus forts.
- Suivez vos progrès avec votre **COURBE DE POIDS.**
- **CHOISISSEZ LE CHEMIN LE PLUS FACILE** et le meilleur pour vous. Il vous mènera à la réussite.
- Soyez certain que **MAIGRIR « A DU SENS POUR VOUS »** sinon vous n'avancerez pas.
- **CHOISISSEZ LA MEILLEURE MÉTHODE** pour maigrir. Prenez soin de vous, la méthode doit vous convenir.
- Ne soyez jamais pris au dépourvu, ayez toujours un coup d'avance. Si mon plan A ne fonctionne pas j'ai un plan B.
- **SOYEZ RÉALISTE :** on ne perd pas 20 kg en 15 jours.
- **BOOSTER VOUS** avec une notion de temps motivante et atteignable. Ne vous dites pas « J'ai 10 ans pour perdre mes 10 kg » (je ne suis pas certaine que vous commencerez), mais… « J'ai 6 mois pour atteindre mon objectif de 6 kg à perdre. » C'est super jouable et réaliste.

Vous rêvez d'atteindre un objectif poids ? Alors laissez-vous aller à rêver, car avant tout projet il y a un rêve qui est le départ de chaque réussite.

- Relâchez la championne qui est en vous, **PRENEZ VOS DÉCISIONS.**
- Faites de **VOTRE PHASE D'AMAIGRISSEMENT** un moment de joie. Sans stress, tranquillement, et priorité au bon sens.
- Nourrissez-vous **DE FAÇON INTELLIGENTE**, ce dont vous serez fière.
- Et arrêtez de vous prendre la tête si vous n'avez pas maigri cette semaine : avancez, visez plus loin.

J'espère vous avoir donné quelques clés pour tenir le cap et vous sentir mieux qu'avant.

J'ai toujours écrit mes livres avec beaucoup de sincérité, de respect pour vous tous qui me lisez, et en prenant garde à ne pas jouer les donneuses de leçons. Je ne souhaite que vous livrer des pistes pour réussir votre projet. Mon objectif a toujours été de partager sans juger en vous laissant la possibilité d'attendre le bon moment. On ne fait les choses que lorsqu'on est prêt dans sa tête et dans son corps. Alors ? À vos marques, prêt… mince alors !

Ma courbe de poids

Date de début: …………	Mon premier mois				Mon deuxième mois				Mon troisième mois			
	Semaine 1	Semaine 2	Semaine 3	Semaine 4	Semaine 5	Semaine 6	Semaine 7	Semaine 8	Semaine 9	Semaine 10	Semaine 11	Semaine 12
J'agis à ………… kg	…………	…………	…………	…………	…………	…………	…………	…………	…………	…………	…………	…………
– 200 g												
– 400 g												
– 600 g												
– 800 g												
– 1 kg ………… kg	Je peux le faire !											
– 200 g												
– 400 g												
– 600 g												
– 800 g												
– 2 kg ………… kg		C'est déjà ça !										
– 200 g												
– 400 g												
– 600 g												
– 800 g												
– 3 kg ………… kg			Je suis le (la) meilleur(e)									
– 200 g												
– 400 g												
– 600 g												
– 800 g												
– 4 kg ………… kg				J'avance								
– 200 g												
– 400 g												
– 600 g												
– 800 g												
– 5 kg ………… kg					Une taille en moins, chouette !							
– 200 g												
– 400 g												
– 600 g												

Courbe de poids

Comment utiliser ma courbe de poids ?

Tout d'abord, indiquez la date du jour du démarrage de votre amaigrissement dans la case « Date de début », et votre poids de départ dans la case « J'agis à… kg ». Le point dans le rond placé à droite de cette case marque le début de la courbe.

Notez à la fin de chaque semaine votre perte de perte de poids par un point (voir modèle). Écrivez aussi chaque semaine dans les cases jaunes le jour où vous montez sur la balance.

Chaque kilo est divisé en pertes de 200 g. Chaque ligne de couleur représente une perte de 1 kg : inscrivez-y votre poids après chaque palier franchi.

Exemple : le 2 juin 2015 (date de début), je décide d'agir, mon poids de départ est 86 kg. À la fin de la semaine 1, j'ai perdu 600 g, mon poids est donc 85,4 kg, je le note par un point (voir modèle) ; à la fin de la semaine 2, j'ai perdu 400 g, mon poids est donc 85 kg, je le note par un point (voir modèle), etc.

Reliez les points entre eux pour faire votre courbe (voir modèle). Cette courbe vous permet de visualiser vos efforts, vos réussites, vos paliers, le rythme de votre amaigrissement. Par exemple, dans le cas présenté ici, il y a une reprise de poids à la fin de la 3e semaine (400 g), cela peut vous être utile de le repérer.

Vous pourrez aussi calculer votre moyenne.

Par exemple : si vous avez perdu 2 kg en en 4 semaines, vous divisez la perte de poids par le nombre de semaines (2 : 4 = 0,5), votre moyenne est de 500 g par semaine.

À ce rythme-là, en un an, vous aurez perdu… 500 g multipliés par 52 semaines, soit 26 kg : waouh !

Quand je vous dis qu'il ne faut pas être pressé pour tenir ! CROYEZ-moi !

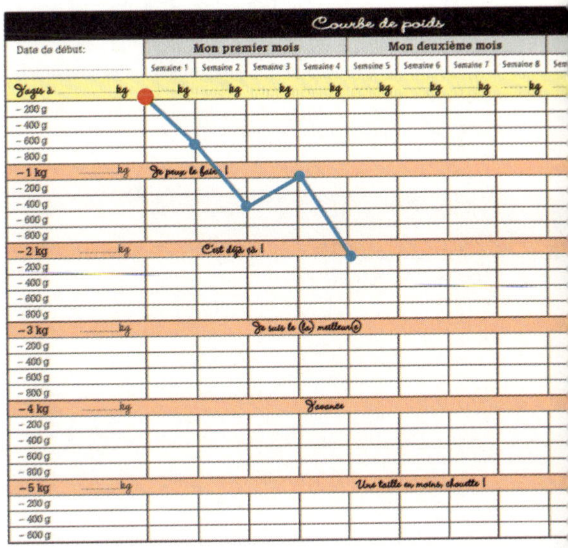

Notes persos...

Notes persos...

Postface

Voilà, vous êtes arrivé à la fin de ce cahier qui n'avait pas d'autre ambition que de vous donner le petit coup de pouce pour entreprendre votre prise en main côté perte de poids et tenir vos objectifs sur la durée.
Certains d'entre vous trouveront ce guide inutile… Si c'est le cas, c'est que vous êtes enfin mince, vous avez appliqué et mis en place tous ces conseils, et votre réussite vous va bien. Vous connaissiez déjà tous ces bons tuyaux pour maigrir sans jamais regrossir. Je vous félicite !

Mais d'autres, moins expérimentés, pourront y trouver les clés pour y faire de meilleurs choix, des trucs, des astuces auxquels elles ou ils n'auraient pas pensé. Rien n'est magique, rien n'est facile, mais tout est possible. Dans une nouvelle maison, il y a plusieurs portes : tant qu'on ne les a pas ouvertes, on ne sait pas ce qu'il y a derrière et quelle sera au final votre pièce préférée. Je vous donne quelques clés, à vous de les tester et de trouver celle qui vous convient le mieux.

C'est avec toute ma force que je vous souhaite un magnifique parcours rempli de joie, de satisfaction, de fierté, de courage, de confiance, de constance, de persévérance et de ténacité. Il y aura des hauts et des bas, mais votre volonté et cette forte envie de réussir vous mèneront à la réussite finale.
La route sera longue, mais riche en apprentissage. Faites-vous aider. Votre médecin ainsi que les nutritionnistes sont un plus pour trouver le bon chemin vers le « mince charmant ».

Soignez aussi vos émotions, votre sensibilité, votre mental : une psychothérapie sera utile, même pour une personne qui paraît très sereine. Objectif : mieux se comprendre. Apprenez à vous aimer. Et arrêtez de vous comparer aux autres. Avancez par étapes si vous avez

plus de 25 kg à perdre en validant vos premières pertes importantes (15 kg) grâce à une pause avec comme seul objectif en tête de ne pas reprendre. Et dès que vous vous sentirez en confiance, apaisé, poursuivez la suite de l'amaigrissement. Prenez votre temps. On ne fait pas une course de vitesse, mais une course de fond. Un, deux, trois, quatre ans, et alors ? Cela fait combien de temps que vous viviez en surpoids ? Dix, quinze, vingt ans ? Alors ne lâchez rien !
Ce carnet sera un soutien, un guide, un support, mais il ne fera jamais le travail à votre place.
« Euh, ben Anna, pourquoi tu n'as pas fait un cahier magique ? On l'ouvre et on maigrit ? »
– Zut, j'ai perdu ma baguette magique ! Dès que je la retrouve, je vous envoie un message via les réseaux sociaux… »

Affectueusement,

Anna

Merci à tous !

Maylis et Rabia

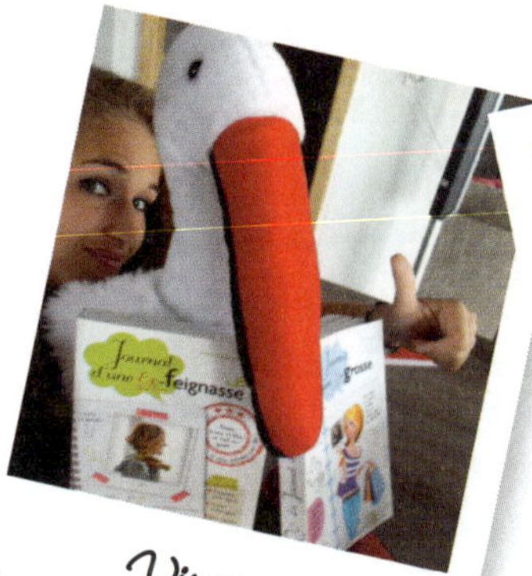

Virginie

Audrey et Anthony

Nelly (Éric et Virginie)

Valérie

Esther

Annie

Catherine

Christine

Céline

Audrey Marshmaloo
(https://www.youtube.com/user/missbouly)

Catherine

Lucette

Élodie

Valérie

Anna

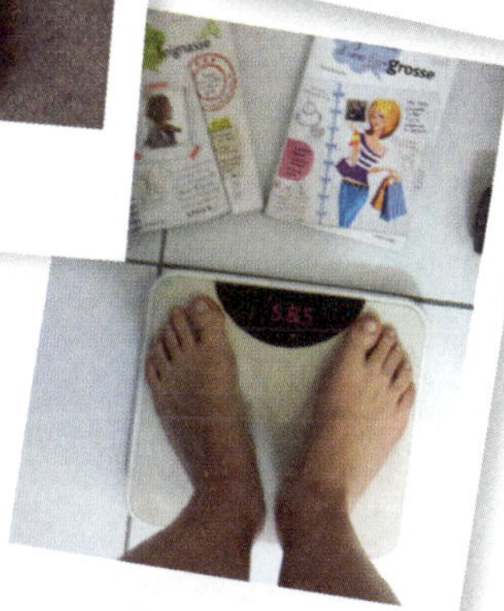

Laëtitia

Chers amis lectrices et lecteurs,
merci à toutes et à tous pour vos témoignages,
vos photos, vos lettres, vos petits mots,
vos partages et vos grands sourires, qui me touchent,
m'encouragent et m'inspirent !

Anna

Crédits

Illustrations ©Shutterstock.com
1 : © pichayasri, © toranosuke / 2 : © negoruva, © subarashii21 / 3 : © DVARG / 4 : © Jaroslav Machacek / 5 : © Alabachiaraa, © subarashii21 / 6 : © Antti Metsaranta, © toranosuke, / 7 : © Callahan, © filitova / 8 : © pichayasri, © filitova / 9 : © The Turtle Factory, © pichayasri, © Olga Milagros / 10 : © Olga Milagros / 11 : © tachyglossus / 12 : © subarashii21, © Yuliyan Velchev, © filitova / 13 : © Doremi, © Vector Goddess / 14 : © filitova, © Ana Aviskina / 15 : © rustamank, © pichayasri / 16 : ©Pushkin, © Martina P / 17 : © Jana Guothova, © Reece with a C, © kittasgraphics / 18 : © Lorelyn Medina, © subarashii21 / 19 : © Olga Zelenkova, © artform / 20 : © Kakigori studio, © Dragan85 / 21 : © liskus, © geographio / 22 : © dacascas / 23 : © anton_novik, © Emir Simsek / 24 : © Oxy-gen, © M. Stasy / 25 : © tachyglossus, © Pensiri Saekoung, © Oleg Baresnev / 26 : © Kakigori Studio, © Ceckava / 27 : © toranosuke, © AnastasiaSonne / 28 : © Dream master, © Krylovochka / 29 : © Lorelyn Medina / 30 : © Artstada, © Oksana Volkovska, © AnastasiaSonne / 31 : © Portfolio, © Jo Ann Snover / 32 : © Elena Navashkova / 33 : © Macrovector, © primiaou / 34 : © 9lives, © VeronikaMaskova / 35 : © Lossik, © Franck Boston / 36 : © lanitta, © Oliver Hoffmann / 37 : © subarashii21, © lamnee / 38 : © Franck Fiedler / 39 : © Johavel / 40 : © bigredlynx, © Novitech / 41 : © Volobuev, © valdis torms / 42 : © yoshi-5, © Michael D Brown / 43 : © Oksana Petrova, ©Sasha 1610 / 44 : © tachyglossus / 45 : ©Dina Winter / 46 : © Hein Nouwens / 47 : © CartoonGalleria, © Maaik Boot / 48 : © MartinaP, © Naty_lee / 49 : © subarashii21 / 50 : © Kolopach, © Oleksiy Mrk / 51 : © Khen guan Toh, © blueringmedia, © Tiana 55, © kastari, © stockakia, © matheesaengkaew / 52 : © dramaj / 53 : © LongQuattro, © lamnee, © javi merino / 54 : © Oksana Alekseeva / 55 : © olillia / 56 : © Darii-s, © Aliaksei-7799 / 57 : © Ohn Mar, © La Gorda / 58 : © Yurkina Alexandra, © Anthonycz / 59 : © baza178

Photogravure : IGS-CP, L'Isle d'Espagnac (16)
Imprimé en Espagne par Macrolibros SL, Valladolid
Dépôt légal : mai 2015
315574/03 - 11035838 - Avril 2017